Der militärische Einsatz

Dietrich Ungerer

Der militärische Einsatz

Bedrohung - Führung – Ausbildung

© miles - Verlag, Am Neuen Garten 16, 14469 Potsdam (Fax: 0331-2006547)

Herstellung: Books on Demand GmbH, Norderstedt
ISBN 3-8330-0437-1

Inhalt

Vorwort

Internationale Entwicklungen erfordern ein neues Verständnis von Verteidigung und Angriff. Auftrag und Einsatzverhalten der Streitkräfte sind neu zu begreifen. Für das militärische Führungspersonal bedeutet dies Verantwortung und Herausforderung zugleich.
Seit mehr als 30 Jahren begleite ich die militärische Ausbildung in der Bundeswehr. Meine einsatznahen Arbeiten in militärischen Führungs- und Ausbildungseinrichtungen, meine Studien über unterschiedliches Einsatzverhalten und zum Führen in besonderen Lagen bilden die Grundlagen für dieses Buch.
Die enge Zusammenarbeit mit den deutschen, aber auch den amerikanischen und französischen Streitkräften trug dazu bei, daß ich meine Ausführungen in einen internationalen Zusammenhang stellen konnte. Dafür sei mein verbindlichster Dank ausgesprochen.
Mein besonderer Dank gilt den Offizieren und Unteroffizieren, die mich bei meinen Forschungen unterstützten und engagiert die Voraussetzungen für meine Arbeiten schufen. Ohne diese uneingeschränkte Bereitschaft wäre es nicht möglich gewesen, Erfahrungen zu sammeln, Untersuchungen durchzuführen und Studien zu erstellen.
Dieses Buch ist für das Führen in internationalen militärischen Operationen angelegt. Angesprochen sind die Soldaten, die in vielen Regionen dieser Welt ihren Dienst für den Frieden verrichten.

Bremen, Januar 2003 Dietrich Ungerer

1. Einführung

Internationale Bedrohungsprofile sind für militärisches Führungspersonal eine fortwährend neue Herausforderung. Sie reichen vom Umgang mit terroristischen Szenarien über den Informationskrieg bis zum klassischen Gefecht. Dieses Einsatzspektrum stellt hohe Ansprüche insbesondere an die Ausbildung.

Die internationalen sicherheits- und verteidigungspolitischen Herausforderungen veranlaßten den Autor, das Buch mit drei Themenblöcken zu versehen. Sie stehen für die internationalen Bedrohungsszenarien, für das Führen unter diesen Bedingungen sowie für präventive Führungsmaßnahmen zur Abwehr traumatisierender Ereignisse. Das Bindeglied zwischen diesen Themenblöcken ist die *lageorientierte* Ausbildung der militärischen Führer. Zeigen doch die Entwicklungen der letzten Jahrzehnte, daß die Entwicklung der militärischen Szenarien eine ständige Neuausrichtung der Ausbildung, der Führung und der Einsatzvorbereitungen verlangt.

Bedrohungen, Führungsverhalten sowie Stressverläufe und Traumaentstehung sind nicht nur lage- und symptomorientiert beschrieben, sondern in den einzelnen Kapiteln stehen die Prozesse und Wirkungszusammenhänge zwischen Lageereignis, Auswirkungen auf das Verhalten des militärischen Führers und Ursachen des Verhaltens im Mittelpunkt. Dadurch sind präventive Handlungsmöglichkeiten zu erkennen, die im Anschluß an jedes Kapitel als direkte Empfehlungen für die Ausbildung formuliert werden. Die Ursachenanalysen sollen dazu beitragen, Risiken in den militärischen Führungsentscheidungen und -maßnahmen zu reduzieren. Dadurch erhöht sich die Effizienz; Kosten werden reduziert und Verluste vermieden.

Die Themen in den einzelnen Kapiteln entstanden aus einem immensen Fragebedarf, der sich aus den Streitkräften heraus jahrelang entwickelte. Dadurch sind die Ausführungen auf führungspraktische Brennpunkte gerichtet, die sich in den unterschiedlichen NATO-, EU- und UN-Einsätzen sowie in den militärischen Operationen von "coalitions of the willing" immer wieder ergeben.

Die einzelnen Kapitel sind in sich relativ abgeschlossen und mit Ausbildungsempfehlungen versehen. Eine individuelle Orientierung ist dadurch je nach Bedarfsfall rasch möglich, ohne das gesamte Buch durchlesen zu müssen. Überschneidungen ließen sich nicht immer vermeiden. Querverweise erleichtern inhaltliche Verbindungen, so daß einzelne Sachverhalte in einem größeren Zusammenhang gesehen werden können. Theoretische Vertiefungen können durch die angeführte Literaturauswahl weiter vorgenommen werden.

Erfahrene in- und ausländische Truppenführer gaben zu den Inhalten der einzelnen Kapitel unschätzbare Anregungen. Dies galt in gleicher Weise für die Soldaten, die ihre Aufträge vor Ort zu bewältigen haben. Dadurch konnte u.a. auf ein Repertoire zurückgegriffen werden, das die letzten 30 Jahre Kriegs- und Einsatzgeschehen umfaßt. Mancher Leser wird bekannte Passagen finden.

Das Buch ist für den militärischen Einsatz geschrieben. Angesprochen sind alle Teilstreitkräfte der Bundeswehr. Das vorgeschlagene Führungsverhalten muss sowohl in der Führung von Heer, Luftwaffe und Marine als auch in anderweitigen Führungsbereichen beachtet werden. Konzeption und Einsatzbeispiele sind darin außerdem so angelegt, daß ein internationaler Leserkreis erreicht wird.

Führen ist Interaktion. Daher ist Führen ohne Geführte nicht denkbar. Sonst würde jegliche militärische Führung ihre Ziele verfehlen. Soldaten als Führer in Stäben und Soldaten im Gefecht stehen daher gleichermaßen im Mittelpunkt.

2. Gegenwärtige und zukünftige Bedrohungsszenarien

2.1 Prinzipien und Tendenzen

Ausbildung und Führung sind auf gegenwärtige und zukünftige Lagen auszurichten. Dieser Grundsatz ist herausfordernd und überlebenswichtig zugleich. Außerdem dient er der lageangemessenen Führung und Auftragserfüllung. Anzustreben ist demnach eine Übereinstimmung zwischen den Anforderungen aktueller und zukünftiger Einsatzszenarien mit der Ausbildungsrealität in den Streitkräften. Das erhöht den Einsatzerfolg, minimalisiert die Verluste und spart finanzielle Mittel.

Seit einigen Jahrzehnten nehmen Lagen zu, die mit den herkömmlichen und bewährten Strategien, Kampftaktiken und Ausbildungszielen nicht mehr zu bewältigen sind. Die Grenzen zwischen regulären militärischen Kräften, Partisanen und terroristischen Gruppierungen werden zudem unschärfer. Einsatzregionen haben zusätzlich ihr jeweils eigenes kulturelles und geographisches Gepräge mit u.U. infrastrukturellen Mängeln. Ein derartiges Breitbandspektrum militärischer Anforderungen verlangt eine entsprechende Führungs- und Ausbildungsqualität, die sich weniger an vergangenen Kriegen als vielmehr an den Bedrohungsprofilen der kommenden 20 Jahre zu orientieren hat. Daher zwingen die einzelnen Krisen, Konflikte und Kriege zu einer permanenten lage- und trendspezifischen Disponibilität der militärischen Einsatzfähigkeit. In diesem Wirkungsgefüge löste sich das klassische Gefechtsfeld schon vor Jahrzehnten auf. Allerdings wurde in vielen Ländern diese Entwicklung nicht angemessen erkannt und nicht umgehend mit lageorientierten Führungs- und Ausbildungskonzepten geantwortet.

Die genannten Einflußgrößen und ihre zeitbedingten Varianten bestimmen den **Kampf- und Gefechtswert** der Truppen, ihr taktisches Verhalten, ihre Führungsprofile und ihre Handlungsmöglichkeiten. Das zeigen die Kriege der letzten 40 Jahre deutlich. So wurde das Gefechtsfeld beachtlichen strukturellen und funktionellen Veränderungen unterworfen, wenn z.B. Vietnam-Krieg, Falkland-Krieg, Tschad-Einsatz, Desert Storm und Krieg gegen den internationalen Terrorismus miteinander verglichen werden. Einsatzprofile, Strategien und Taktiken sowie Führungsprofile mußten zunehmend **gegner-, regional-** und **weltanschauungsspezifisch** formuliert werden. Damit ist nicht gesagt, daß z.B. der Dschungelkampf in Vietnam mit seinen Kampfstrategien in zukünftigen Kriegen keine Gültigkeit mehr habe oder der Wüstenkampf nicht mehr relevant sei. Allerdings müssen moderne Führungs- und Ausbildungskonzepte neben Kriegserfahrungen Verhaltens- und Kampfmuster enthalten, die den Einsatzgebieten der kommenden Jahre mit ihren kulturellen und regionalen Besonderheiten sowie militärischen Kräften gerecht werden. Das sind Mehrfachanforderungen, die besagen, daß Wüsten-, Dschungel- und Straßenkampf, Führen in Extremlagen und unter dysfunktionalem Stress sowie elektronisches Führen und Information Warfare, aber auch Führen per Hand und Fuß fortlaufend einsatzverfügbar sein müssen. "Twenty-four-hour vigilance" und" twenty-four-hour readiness" sind dabei nach amerikanischer Auffassung unerläßlich.

Die Kunst einer modernen Führung besteht darin, militärische Operationen mit prospektiven Kampfmustern zu versehen, um neue Lageentwicklungen verzugslos bewältigen zu können.

Die Schnelligkeit der internationalen Lageentwicklungen erfordert ein permanentes Nachjustieren der Aus- und Fortbildung, um lageangemessene Vorbereitungen für aktuelle und zukünftige Einsätze treffen zu können. Perpetuierende Ausbildungssegmente schwinden zunehmend. Verlangt werden Ausbildungskonzepte, die nicht nur den aktuellen Einsatzanforderungen entsprechen, sondern bereits zukünftige Einsatzbesonderheiten vorwegnehmen. Dadurch werden Ausbildungsnachlauf und reaktive Kampfmaßnahmen vermieden, gegnerische Überraschungsangriffe und -attacken kalkulierbarer. Überlebenschancen, Kampfverhalten und Auftragserfüllung der Soldaten verbessern sich.

Führung und Ausbildung werden seit einiger Zeit mit neuen Anforderungen konfrontiert. So fordert die Informationskriegführung eine stärkere Berücksichtigung mentaler und psychischer Strukturen und Funktionen in Führung und Ausbildung. „War is a psychological phenomenon. Whether proceeding from a Clausewitzian viewpoint that war is an extension of politics, or from the point of view offered by John Keegan that cultural factors are the determinants in war, the student of history quickly appreciates that warfare emanates from the human soul. Operations intended to impact directly on the mind and willpower of the enemy have always attended armed conflict“ (Leonhard 1998, 32). Dieser Aspekt von Krisen, Konflikten und Krisen wird zukünftige Lagen noch stärker als bisher beherrschen.

Das militärische Kriegsbild weitet sich zunehmend von der waffengesteuerten Einsatzführung zur mentalen und psychischen Steuerung des Gegners aus.

Gefechtsfeld und Kampfstrategien expandieren dadurch beträchtlich. „The stated objective of modern offensive combat doctrine is not to kill all the defenders. The objective is to disable defenders with stress“ (Dep.of the Army, 1991,1). Dies bedeutet, daß ein Ziel der militärischen Einsätze darin bestehen kann, die Verteidiger durch einen gezielten Informationsangriff funktions- und letzten Endes kampfunfähig zu machen. Führen und Kämpfen sind z.T. neu zu definieren.

Das zeigen hauptsächlich die Entwicklungen zum "Land Warrior" und "Cyber Soldier" bis zum „Superinfantryman". Die elektronische Vernetzung einerseits und die verstärkte Herausprofilierung des "Special Operations Trooper" andererseits werden die Einsätze immer mehr dominieren. Die "Revolution in Military Affairs" (RMA) wird mit einer Reichweite bis etwa zum Jahre 2030 Führung und Ausbildung bestimmen und die Leistungsfähigkeit von Führern und Geführten in hohem Maße herausfordern. Denn nach wie vor sind es deren Gehirne, die elektronische Systeme handhaben und Informationen bewerten. Operationsflexibilität und Versatilität rücken so in den Vordergrund. Dennoch ist folgendes nicht aus den Augen zu verlieren: „The purpose of all this, of course, is to kill the enemy" (Friedman 1998, 385).

Künftig muß die politische Leitung und militärische Führung vermehrt in die Soldaten investieren und weniger in Strukturen und Umstruktuierungen. Diese können äußerst demotivierend wirken. „The human dimension of war will be decisive in the campaigns and battles of the future just as it has been in the past" (FM-100-5,5).

Soldaten und ihre Führer sind für Kampfaufträge auszubilden, die von Szenarien, in denen Maschinenpistolen und Handgranaten zum Einsatz kommen, bis zur Informationskriegführung reichen.

In diesem Zusammenhang sagte dem Autor ein hoher amerikanischer Offizier sinngemäß folgendes: *We have bred a generation of officers who are skilled at managing systems, and who are supremely skilled at garrison-bureaucratic survival and the politics of promotion, but who have lost sight of the simple fact that only purpose of armed forces is to fight and win. Therefore the only purpose of officers in those armed forces is to prepare themselves to lead in battle, and to prepare their troops to succeed in battle.*

Jederzeit können friedenssichernde Einsätze, wie sie beispielsweise bei SFOR und KFOR auf dem Balkan durchge-

führt werden, in Kriegseinsätze umschlagen. Soldaten, die dafür nicht ausgebildet werden, sind sie zur Hilflosigkeit verurteilt. Dies zeigte mancher VN-Einsatz der letzten Jahre.
In zukünftigen Einsätzen werden Soldaten vermehrt mit der Bewältigung **außergewöhnlicher und extremer Lagen** konfrontiert werden. Der Umgang mit individuellen Grenzbelastungen wird genauso zum militärischen Alltag gehören wie Tod, Verwundung und Gefangenschaft. Die Vorbereitung für solche Lagen muß in einer anspruchsvollen Ausbildung erfolgen, um im Einsatz lebenserhaltende Reserven zur Verfügung zu haben. Wer umsichtig **kämpfen** und **führen** kann, wird sich lagebezogen und risikoreduzierend verhalten und gleichzeitig Leben schonen. Hat ein Soldat allerdings noch Schwierigkeiten mit der Handhabung seiner Waffe, dann kann er den Gegner weder richtig einschätzen noch bekämpfen. "Kämpft" ein Führer noch mit der Lagebewertung, mit seinen Entscheidungsprozessen und seiner Befehlsgebung, dann kann er Bedrohungen nicht rechtzeitig erkennen und seine Soldaten nicht von vorne führen. Er läuft den Entscheidungen des Gegners hinterher.

Führungsentscheidungen müssen auch noch unter Extrembedingungen und in außergewöhnlichen Lagen als "offensive operations" möglich sein.
Führen im militärischen Einsatz bewegt sich oftmals an den Grenzen der individuellen Belastbarkeit, wobei sich Extremlagen, existentielle Notlagen, Demoralisierung, dysfunktionaler Stress und traumatisierende Ereignisse in den Vordergrund drängen. Die heutigen und zukünftigen Einsätze stellen darüber hinaus besondere Herausforderungen dar, die Einsatz- und Kampfverhalten fortlaufend modifizieren. Unerläßlich ist für die Einsätze z.B. eine **stressresistente Informationsverarbeitung**, Qualitätsstandards für Führung und Einsatz mit einer Fehlergenerierung gegen Null und eine reduzierte Stress - Vulnerabilität.

In einigen NATO-Staaten sind Entwicklungen auszumachen, die eine relative Ausgrenzung des Kampfes ankündigen. Dieser Trend wird bei friedenserhaltenden Einsätze insbesondere dann verstärkt, wenn „force protection“ im Vordergrund steht. In manchen Einsätzen sind Streitkräftekontingente nur noch für Aufgaben im Rahmen des "nation building" vorgesehen. Die Rolle des Soldaten hat sich immer mehr vom Kämpfer zum Retter, Helfer und Beschützer gewandelt. **Aus Kampftruppen wurden Helfertruppen**, eine Entwicklung, die vor allem in Deutschland in den letzten Jahren besondere Konturen zeichnete. So notwendig wie Helfer in vom Krieg heimgesuchten und in von Not betroffenen Ländern sind, um so notwendiger sind aber auch Kampftruppen, die zuerst einmal dafür sorgen, daß in solchen Ländern überhaupt die Bedingungen für diese Form der Unterstützung hergestellt werden. Aber auch traditionelle Peacekeeping-Truppen benötigen die Fähigkeit zum Kampf: „Die solide Ausbildung zum Kämpfer gibt dem Soldaten die Sicherheit, die er braucht, um in Situationen voller Ungewissheit Mittler zwischen den Konfliktparteien sein zu können. Gut ausgebildet als Kämpfer weiß er sich zu schützen und er verfügt über Eskalationsinstrumente, mit denen er ein Einlenken notfalls auch erzwingen kann“ (Naumann 2002, 129).
Eine reine Helfertruppe ist allerdings keine Kampftruppe. Die Aus- und Fortbildungserfahrungen des Autors zeigen, daß die Einstellungen zum Einsatz bei Helfer- und Kampftruppe grundverschieden sind. Ebenso sind Einsatzverhalten und Einsatzbelastungen von Kampftruppen auf der einen und auf der anderen Seite von Truppen im friedenssichernden Einsatz, Einsatzkräften des Zivilschutzes (Ungerer/Morgenroth 2001) sowie Rettungsdiensten (Ungerer 1999) zu unterscheiden. Eine gemeinsame Klammer stellen allerdings Stressprofile und deren Ursachen her. Differenzierte Unterschiede liegen auch vor zwischen Truppen, die nur für die Landesverteidigung vorgesehen sind und international eingesetzten Truppen. In der Ausbildung ist darauf zu

achten. Aus diesem Grunde werden US-Streitkräfte, die z.B. im VN-Einsatz waren, nicht umgehend für Kampfeinsätze bereitgestellt. Außerdem hat die Spezifizierung z.B. in Verbänden mit Wüsten-, Häuser- oder Dschungelkampferfahrung ihren tieferen lebenserhaltenden Sinn. Die Erfahrung von Soldaten und Verbänden im Umgang mit spezifischen Einsatzgefahren ist bei Einsatzplanungen stets zu berücksichtigen.

Selbst Soldaten, die nach einem Urlaub direkt wieder in den Einsatz gehen, unterliegen einem höheren Verwundungs- und Todesrisiko. Das gilt sogar für Polizeibeamte, die unmittelbar nach ihrem Urlaub z.B. Verfolgungsfahrten mit Zugriffen durchführen. Das breitgefächerte Einsatzspektrum bietet zwar eine Vielfalt an Herausforderungen, birgt aber insbesondere bei unreflektierter Einsatzplanung ein größeres Risiko in sich.

Besonders gefährdet sind solche **Einheiten, Kontingente und Stäbe**, deren Personal für den Einsatz aus vielen Verbänden zusammengesetzt wurde. Die Verwürfelung von Führern und Geführten kann in letzter Konsequenz tödlich sein.

Ein nicht zu unterschätzendes Risikoprofil ist der **motivationale Wirkungszusammenhang**, der von den jeweiligen Regierungen über die militärischen Stäbe bis zu den Soldaten vor Ort reicht. Truppen, denen die Legitimität des Einsatzauftrages gewissermaßen nachgereicht werden muß, sind mit einem motivationalen Einsatzrisiko behaftet, das lebensgefährliche Auswirkungen für den einzelnen Soldaten nach sich ziehen kann. **Kampf- und friedenssichernde Kontingente, die sich sozial und politisch nicht gestützt fühlen, haben einen nur geringen Gefechts- und Einsatzwert.**

Die im folgenden dargestellten internationalen Bedrohungsszenarien müssen prospektiv verstanden werden. Sie kennzeichnen Lagen, die vom aktuellen Einsatzgeschehen aus-

gehen, aber künftige Lageentwicklungen berücksichtigen. Für moderne Gefechte, Antiterror-Maßnahmen und friedenssichernde Einsätze mit besonderen Auflagen muß vorauskalkulierend ausgebildet werden, um Überraschungen zu vermeiden; darüber hinaus muß sowohl bei Führern als auch bei Geführten ein Bereitschaftszustand für den Umgang mit Grenzbelastungen vorgegeben werden.
Die nachstehenden Kapitel sollen dafür einen Orientierungsrahmen abgeben. Herausgegriffen werden Szenarien, die aus dem aktuellen und zukünftigen internationalen Bedrohungsspektrum heraus gefiltert werden können.

2.2 Vietnam ist überall

(1.) Kampf- und Einsatzstrategien

Die Bezeichnung „Vietnam ist überall" geht auf den Vietnamkrieg zurück. Sie soll aber keineswegs eine Rückblende darauf sein, sondern vielmehr eine strategische Ebene kennzeichnen. Der Begriff drückte schon damals aus, daß der Gegner überall und jedermann sein könnte. Das klassische Gefechtsfeld existiert nicht mehr. Aktualisiert wurde dieses Phänomen auf dem Balkan unter der Bezeichnung „Vietnam Europas" aus dem Umfeld von Milosevic und im Irak-Krieg als „irakisches Vietnam" aus dem Umfeld von Saddam Hussein. Gemeint ist, daß sich reguläre und irreguläre Kräfte vermengen. Der Anti-Terror-Krieg liefert neuerdings dazu viele Beispiele. Freund und Feind unterliegen nicht mehr der optischen Trennschärfe durch unterschiedliche Uniformen. Sie unterscheiden sich nur noch in der Kampftaktik, im Kampfverhalten, in ihren weltanschaulichen Grundhaltungen, in Sprach- und Kleidungsdetails und in ihren Eßgewohnheiten. Wer die Unterschiede nicht kennt, bekämpft möglicherweise die Falschen.

Ein US-Colonel erwähnte dem Autor gegenüber, daß in solchen Szenarien der Eindruck entstünde, man pfeife 12 Fußballspiele gleichzeitig, müsse aber noch fähig sein, die Fouls zu erkennen. Ein solches Bild charakterisiert treffend eine Lage, die in den kommenden Kampfeinsätzen vermehrt anzutreffen sein wird. „The danger was nowhere and everywhere" (Herring 1998, 97).

Für solche Kampfeinsätze sind mehrere Voraussetzungen notwendig. Alle Kampftruppen müssen im Sinne der Auftragstaktik geführt werden. Die "Special Operations Trooper" müssen zusätzlich eine differenzierte Verhaltens- und Einsatzstimmigkeit mit ihrer Umgebung aufweisen. Das gilt auch für Patrouillen. Des weiteren erfordern derartige Kampfeinsätze einen ungebrochenen Überlebenswillen der Soldaten. Diese müssen von ihren Lebenszielen sowie ihren Lebens- und Berufsentwürfen überzeugt sein. Schlecht ausgebildete Soldaten werden in solchen existentiellen Bedrohungslagen zu blinden Killern oder sie verharren tatenlos. Im ersten Falle entsteht ein ahumane Eskalation der Lage, im zweiten Falle werden die Soldaten getötet. Nur die Souveränität der Führung und gedrillte Waffendisziplin können die Soldaten davor schützen. Unnötige Opfer können dadurch auf beiden Seiten vermieden werden.

Gegner, die schießend auf Soldaten zu stürmen, obwohl sie von diesen bekämpft werden, sind keine Seltenheit. In bestimmten Regionen gehen Gegner in solchen Situationen nicht in Deckung. „Figthing the North Vietnamese was like battling an army of robots; an indoctrinated mass, without imagination or individuality, who blindly kept figthing despite horrendous losses“ (Nolan 1986, 15). Ideologisch oder religiös bedingtes Kampfverhalten ist blitzartig zu erkennen. Da meistens befehlstaktisch angegriffen wird, läßt sich die Lage durch Eliminierung des Führers relativ leicht bereinigen.

Frauen nähern sich mit einem freundlichen Lächeln und einem Kind auf dem Arm und werfen Handgranaten. Dorfbewohner ernten Früchte und feuern überfallartig auf Patrouillen. Solche Lagen verlangen vom Soldaten eine besondere Kontrolle der Schießschwelle mit einer hoch differenzierten Sensibilität und Umsicht für den Waffeneinsatz (Ungerer 2001).

"Vietnam ist überall" drückt ein Prinzip aus, das sich in beinahe allen Kriegen der letzten 30 Jahre findet. Je mehr demnach Soldaten ihre Überlebensprogramme in bedrohlichen Situationen aktivieren müssen, um ihr Leben zu schützen, um so mehr kommen sie sich in ihrem Verhalten auch näher. So sind zwar die politischen, strategischen und waffentechnischen Unterschiede zwischen z.B. dem Vietnamkrieg, Desert Storm, dem Balkankrieg und dem War against Terrorism beträchtlich; die Überlebensfunktionen der kämpfenden Truppe zeigen aber hohe Affinitäten. Auszunehmen sind ideologisch und religiös fundierte Tötungsabsichten. Kampfeinsätze mit Toten und Verwundeten auf beiden Seiten, "face-to-face-Kämpfe", Fluchtaktionen, eskalierende Tötungsaktionen im Massaker und anderweitige scheußliche Maßnahmen sind häufig zu finden. So gibt es Kampfsituationen, in denen der Eindruck gewonnen wird, das Gewissen der Soldaten sei schon vorher abgestorben oder versteckt worden.

Der tiefere Sinn der Überschrift dieses Kapitels ist hier nur konturenhaft zu erkennen. Seine ganze Tragweite wird in den nachfolgenden Abschnitten deutlicher. "Vietnam ist überall" meint nicht nur die Omnipräsenz globaler bewaffneter Konflikte, sondern auch die Konflikte an der "Heimatfront", im sozialen Feld der Soldaten sowie die aufkeimenden und fortwirkenden Aversionen gegen ihre Einsätze. Derartige Konflikte werden nicht immer sofort in ihren idenditätszerstörenden Wirkungen erkannt. Angriffe gegen die Streitkräfte eines Landes werden demzufolge nicht nur in direkter räumlicher und personaler Konfrontation geführt, sondern entwickeln sich auch aus unterschiedlich gestaffelten wirtschaftlichen, sozialen, wissenschaftlichen, religiösen und weltanschauliche Störfeldern heraus. "Vietnam ist überall" heißt so verstanden, daß die militärische Führung ggf. nicht nur einen **Allfrontenkrieg** führen, sondern auch **geistigen Angriffen** gewachsen sein muß.

(2.) Empfehlungen für die Ausbildung:

Führen unter den genannten Bedingungen erfordert Ausbildungsmaßnahmen, die an die Grenzen der Belastungsfähigkeit der Soldaten heranreichen. Besonders der kontrollierte Einsatz der Waffen muß dabei im Vordergrund stehen. Dosierter Waffeneinsatz schützt Menschenleben. Wer allerdings noch Schwierigkeiten hat, seine Waffe abgestuft einzusetzen, wird kaum über Reserven verfügen, den Gegner angemessen zu bekämpfen.
Zu drillen ist jedoch nicht nur die Handhabung von Waffen, sondern auch die **Wahrnehmungs- und Entscheidungsfähigkeit in komplexen Lagen**. Die Wahrnehmung und Aufmerksamkeit im Kampfeinsatz ist der "vorgeschobene Posten des Denkens und Handeln": „To overcome it, leaders must continuously 'read the battlefield', decide quickly, and act without hesitation“ (FM 100-5, 6). Das „read the battlefield“ ist mehr als Beobachten und Erkennen. Es kennzeichnet die Fähigkeit, aus einer Anhäufung von Ereignissen die überlebenswichtigen zu filtern und verfügbar für Entscheidungen zu machen.
Die militärischen Führer müssen auf solche Lagen vorbereitet werden. Zögerliches Ergreifen von Maßnahmen, Unerfahrenheit, taktische Fehlentscheidungen etc. legen Schwachstellen in der Ausbildung bloß, die selbst bei Peacekeeping-Einsätzen zu einem erhöhten Risiko für Soldaten und Zivilbevölkerung führen. Ähnliche Mängel zeigen sich auch bei Truppen, die längere Zeit nicht im bewaffneten Einsatz waren oder diesen noch nie erlebten. Auch die Verlegung von Soldaten aus Peacekeeping-Einsätzen heraus in Kampfeinsätze ist risikoträchtig. Diese Soldaten sind dafür nicht

sofort geeignet. In der Planung von Kampfeinsätzen müssen diese Faktoren berücksichtigt werden. Sonst wäre die Anzahl der dabei auftretenden tödlichen Ausfälle sowie die physischen und psychischen Schäden bei Soldaten und Zivilbevölkerung unverantwortlich hoch.
Einsätze unter den skizzierten Bedingungen erfordern Fähigkeiten, die sich jeweils aus der bevorstehenden Lage ergeben:

- Kämpfen und Orientieren ohne Frontabschnitte;
- Flexibilität;
- mobile auftragsbezogene Logistik;
- „combat team"-Fähigkeit unter Extrembelastungen;
- Einzelkämpferfähigkeiten.

Diese Fähigkeiten beziehen sich nicht nur auf Spezialeinheiten, sondern auch auf Truppenteile, die im Zuge von friedenserhaltenden Maßnahmen international eingesetzt werden.
Ein spezieller Ausbildungsauftrag ergibt sich bei der **Aktivierung** des geschilderten **Vietnam-Prinzips** im sozialen Umfeld der kämpfenden Truppe. Die sozialen Störfaktoren rechtzeitig zu erkennen, ist oftmals nur mit Spezialwissen möglich. Das gilt auch für das Eindämmen und Zurückdrängen dieser Störfaktoren. Die Auswahl der Gegenmaßnahmen hat vor Ort in den einzelnen Standorten und Ausbildungseinrichtungen zu erfolgen. Darauf kann allerdings in diesem Zusammenhang nicht näher eingegangen werden.

2.3 Search and destroy operations

(1) Allgemeine Optionen

Im Vordergrund dieses Abschnittes stehen die gegenwärtigen und zukünftigen Aufträge und Einsätze militärischer

Spezialeinheiten, die immer mehr in das Blickfeld eines internationalen Krisenszenarios rücken. Da gemäß den bisherigen Erfahrungen auch Luftlandetruppen und Gebirgsjäger sowie anderweitige Truppen an "Search and Destroy-Operationen" teilnehmen, soll hier mit einem erweiterten Blickwinkel angesetzt werden. Ihre rasch erfolgenden Einsätze unterliegen bedrohungsspezifischen, regionalen, taktischen und politischen Vorgaben. Zentraler Einsatzrichtwert ist das Kampfverhalten des Gegners, das durch religiöse, weltanschauliche, kulturelle, soziale und erzieherische Größen bestimmt ist. Vor allem die unter US - Kommando stehende "Command Unit for Special Operations" lernen solche Bedingungen kennen. Daraus ist zu entnehmen, daß sich militärische Spezialeinheiten bevorzugt an folgendem Aufgabenspektrum orientieren sollten:

- Personen zu töten (to wipe out people);
- Zerstören der wirtschaftlichen Infrastruktur eines Landes bzw. einer Region;
- Zerstören der elektronischen Infrastruktur der Einsatzregion;
- Zerstören wichtiger Einrichtungen des Gegners (power centers/headquarters), der Kommandozentralen, der Ausbildungscamps;
- Sabotage und Hinterhalte;
- Überfälle (hit-and run raids);
- Verfolgen von Zielgruppen und -personen;
- Aufklären und Unterstützen.

Ergänzende Aufgaben sind Beobachtung, Hilfe für einheimische Kräfte, Infiltrationen eines Gebietes, "Beleuchten" von Objekten für Luft- und Raketenangriffe, Ausbildung einheimischer Einsatzkräfte jeglicher Art sowie mittel- und langfristig angelegte subversive Aktionen zur Destabilisierung des Gegners.

Mit den genannten Beispielen ist das Anforderungsprofil militärischer Spezialeinheiten größtenteils umschrieben; es erweitert und differenziert sich allerdings ständig in Abhängigkeit vom jeweiligen Einsatz. Damit verändern sich auch die Ausbildungsziele. Folgende Anspruchsprofile sind erforderlich:

- Langzeitbelastungen unter extremen, außergewöhnlichen und existenzbedrohenden Einsatzbedingungen: extreme Operationen, die an die Grenzen der körperlichen und geistigen Leistungsfähigkeit heranreichen und diese sogar übersteigen, Umgang mit außergewöhnlichen Lagen und solchen Ereignissen, die in ihrer Art und ihrer lebensbedrohlichen Wirkung vorher unbekannt waren;
- Umgang mit existentiell bedrohlichen und menschenunwürdigen Situationen einer unkonventionellen Kriegführung;
- Kommandooperationen, die perzeptiv, kognitiv und actional weitgehend fehlerfrei ablaufen müssen;
- Treffen von Entscheidungen, die lageangemessen und verzugslos sind;
- grundsätzlich selbständiges (auftragsbezogenes) Bewegen im Einsatzgebiet;
- qualitativ hoher Standard im Umgang mit elektronischen Führungs- und Einsatzmitteln ebenso Führen und Einsatz beim elektronischen Störfall, also beim Ausfall des gesamten elektronischen Equipments, Einsatzflexibilität vom Cyber-Warrior bis zum sandalentragenden Bogenschützen;
- vorbehaltloses Bergen getöteter und verwundeter Kameraden;
- ausreichende Beherrschung des regional üblichen Verhaltens und Fortbewegens;
- landesübliche Verständigungsmöglichkeiten verbal, mimisch, gestisch.

Militärische Spezialeinheiten werden im Rahmen der einsatzvorbereitenden Ausbildung für die genannten Anforderungssegmente ausgebildet. Zukünftige Lagen werden zunehmend globaler Natur im geographischen Sinne, sie zeichnen sich durch neue Bedrohungsprofile und besondere Ereignisse aus, die weit über das bisher geläufige Einsatzhandwerk hinausgehen. So sollte innerhalb eines Kommandos bzw. einer Einsatzgruppe keine Diskussion darüber entstehen, wer die Überreste eines zerschossenen Kameraden zurücktransportiert, wie Verwundete zu tragen sind und auf welche Weise in Sondersituationen mit Gefangenen umzugehen ist.

Im Zuge der Einsätze in den letzten drei Jahrzehnten zeichnet sich ein Tötungsverhalten ab, das weit über das klassische Kriegsverhalten hinausgeht. Demzufolge ist die Ausbildung für Search and Destroy-Operationen vorzugsweise von einsatzerfahrenem Personal durchzuführen. Jedenfalls sind den auszubildenden Soldaten die besonderen Verhaltensmuster und Feinheiten solcher Operationen bis zu den Nahkämpfen und den Handgemengen kultur- und regionalspezifisch zu vermitteln. Nicht vollständig ausgebildetes Kampfverhalten ist lebensgefährlich. Hier gelten vorwiegend die **erfahrungsfundierten Zunftpraktiken**. Daher ist es notwendig, Offiziere und Ausbilder dorthin zu schicken, wo sie einschlägige Situationen erfahren und für die Ausbildung erproben und weiterentwickeln können. Streitkräftekontingente, die vorwiegend Aufgaben zur Friedessicherung erfüllen, sind für die erwähnten Lagen weniger geeignet.

(2.) Die Sinnfrage

Einige militärische Spezialeinheiten operieren weltweit. Die Beantwortung der Sinnfrage für ihre lebensgefährlichen Einsätze ist zur Begründung ihrer Operationen unerläßlich. In einem engen Zusammenhang stehen damit auch die permanenten Überzeugungsprozesse, um mit einem hohen Grad an Engagement die Einsätze durchstehen zu können. Während die Sinnfrage an Einsichtsrelevanz und Evidenz gebun-

den ist, ankern Einsatzüberzeugung und -motivation vorwiegend im Vertrauen auf die militärische Führung und auf die politischen Vorgaben durch die jeweiligen Regierungen. Ihre Argumente müssen für die militärische Führung sehr wohl einsichtig und schlüssig sein, um die **Einsatzmoral** zu festigen. Politiker sind wesentliche Stützen des militärischen Einsatzes. Werden diese politischen Stützen instabil, ist die Truppe gefährdet. Politiker können so ein Sicherheitsproblem im jeweiligen gesellschaftlichen System sein. Bricht der sinngebende Verbund zwischen Truppe und politischem Klima des jeweiligen Landes zusammen, dann ist der Weg zur Verunsicherung und Demoralisierung der Truppe freigegeben. Zeitverzögertes Warten auf politische Entscheidungen, um einen Einsatz ausführen zu können, wirkt sich bei den betroffenen Soldaten psychisch verheerend aus.
In den Einstellungen und Grundhaltungen von Truppenteilen im allgemeinen und der Spezialeinheiten im speziellen zeichnen sich aufgrund der internationalen Lageentwicklungen derzeit folgende **axiologische und sinngebende Dimensionen** ab:

- geographische Dimension;
- ideologische und weltanschauliche Grundhaltung;
- religiösen Einstellung;
- die Menschenrechte;
- ethisch-moralische Postulate;
- politische Richtwerte;
- wirtschaftliche Interessen;
- persönliche Einstellungen.

Die klassischen militärischen Angriffs- und Verteidigungsrechtfertigungen sind weitgehend in den aktuellen und auch zukünftigen Lagen nicht mehr gültig. Die Sinnfrage zur Begründung der Verteidigung des eigenen Lebensraumes und der Eroberung fremder Länder hat ihre spezielle Bedeutung verloren. Das Sinn-Panorama hat sich verschoben. Auftragsgemäß werden inzwischen Gegner und gegnerische

Objekte bekämpft, die innerhalb eines feindlichen Netzwerkes fungieren, das z.B. für das eigene Land eine existentielle Gefahr in sich trägt. Damit sind aber Denkreviere angesprochen, die weit über die traditionellen regional bezogenen Kriegsbegründungen hinausgehen.

Aufgrund der genannten Entwicklung sind Truppenteile, die auf fremden Territorien den vermeintlichen Frieden sichern oder Kampfaufträge ausführen, ständig mit der Sinnfrage ihrer Einsätze konfrontiert. Die amerikanischen, französischen und englischen Streitkräfte lieferten dazu in den letzten Jahren treffende Beispiele. Das galt für die Kampfhandlungen in Vietnam, für die Kämpfe im Tschad, auf Falkland sowie bei Desert Storm. Im "war against terrorism" stellt sich die Sinnfrage ihrerseits immer wieder neu. Richten sich doch die terroristischen Attacken gegen Personen und Objekte in einem Land und symbolisch gegen ein Land selbst.

Die Gemeinsamkeit in den Einstellungen der drei genannten Nationen ist darin zu sehen, daß ein Gegner zu bekämpfen war und ist. Das läßt sich in der präzisen Formulierung der US-Streitkräfte folgendermaßen zusammenfassen: To kill the enemy. Die einzelnen nationalen Sinngebungen dazu sind allerdings sehr different. Die im Grundgesetz der Bundesrepublik Deutschland z.B. verankerten „**basic rights**" (Grundrechte) haben nicht die Menschenrechtsfundierung wie die „**human rights**" des amerikanischen Verfassungsverständnisses. Die motivierende Ebene ist daher in der deutschen Variante eher juristisch abstrakt, in der amerikanischen dagegen substantiell, lebenserhaltend und pragmatisch. „Human rights" sind lebensevident, „basic rights" sind dagegen Konstrukte. Angesprochen sind hiermit unterschiedliche Lebenswelten.

Einfacher ist dagegen die territoriale Variante der Sinnskala zu handhaben. Sie zeigt eine Staffelung der Kampfkraft und der Einsatzmotivation, die sich geradezu geographisch fixieren läßt. Hier ist eine wesentliche kampfkraftsteigernde Wurzel der Partisaneneinsätze zu sehen, wenn diese gegen die

Besetzung ihres Landes gerichtet sind. Einsätze fremder Truppen hatten bislang gegen hoch motivierte Partisanen nur wenig Erfolgschancen. Kriegs- und Einsatzziele, die entfernt sind, haben dagegen nur eine geringe motivationssteigernde Wirkung und Sinnbegründung. In der Ausbildung militärischer Spezialeinheiten ist dieser Sinndimension Rechnung zu tragen.

Volkswirtschaftlich begründete Sinngebungen für einen Krieg haben ein weit gestecktes Motivationsspektrum. So werden von der kämpfenden Truppe und ihren Spezialeinheiten die wirtschaftlichen Vorteile, die sich möglicherweise bei einem Kampferfolg ergeben sollten, nicht unbedingt eingesehen. Die Zusammenhänge sind für den einzelnen Soldaten eher abstrakt. Daher findet er für seine Einschätzung keine evidenten Merkmale. Einsatzüberzeugt sind hier höchstens die Wirtschaftsexperten und Unternehmer. Diese Personengruppen kämpfen jedoch nicht und setzen ihr Leben für ihre Sache nicht ein. Das ist ein beachtlicher Unterschied.

Sinnfrage und Motivation lassen sich eher beantworten und in der Ausbildung etablieren, wenn an die Menschenrechte sowie an ethisch-moralische Werte appelliert wird. Es genügt in der Regel nicht, nur auf sie zu verweisen, sondern die Rechte und Werte müssen von den Soldaten internalisiert werden. Das gilt in besonderem Maße für die Spezialeinheiten. Jeder muß dann nach den von ihm akzeptierten Werten leben und auch die Lebensvorteile der eigenen Wertesetzungen erkennen, für die ein Kampfeinsatz gerechtfertigt ist. Hier ist ein langer Weg der Erziehung und Ausbildung zu beschreiten.

Eng verknüpft mit den genannten Werten sind **religiöse Überzeugungen**. Zu unterscheiden sind davon die ideologischen und weltanschaulichen Grundhaltungen. Sie sind Produkte politischer und philosophischer Rechfertigungslehren und Theorien. So brechen die Rechfertigungskonzepte zur Stützung einer Ideologie in Extremlagen zusammen. Ideologisch ausgerichtete Kampfeinsätze haben gegenüber religiös fundierten kaum eine Chance. Soldaten mit einer verwurzelten religiösen Grundhaltung haben höhere Überlebenschancen. Religiös fundierte Werte sind auch im Krieg und in der Gefangenschaft stabiler als weltanschaulich und ideologisch zurechtgelegte Auffassungen. Für religiöse Werte wird überzeugender gekämpft als für ideologische. Bei der Personalauswahl für Spezialeinheiten, aber auch für die Offiziere, sollte dies beachtet werden.

Nicht zu vergessen ist die **persönliche Einstellung** des Soldaten zu seinen Einsätzen. Hier spielen sicher viele Persönlichkeitsvariablen eine wesentliche Rolle. Sie sind hier relevant. Herauszugreifen sind nur die finanziellen Anreize, die durch die Einsätze gegeben sind. Bestenfalls handelt es sich dabei um eine einsatzmotivationale Größe, die kaum kampfnahen Bestand haben kann. Die aufkeimende Söldnermentalität schafft keinesfalls die Voraussetzungen, Kampfaufträge mit Verantwortung und Respekt vor dem Leben zu akzeptieren. Die Kampfkraft verkommt so zur käuflichen Größe.

Die sich aus den Fragen ergebende Entwicklung einer **Einsatzethik** muß über Jahrzehnte angelegt werden. Grundeinstellungen der Soldaten und ihrer Führer lassen sich nicht kurzfristig entwickeln. Außerdem ist zu beachten, daß Grundeinstellungen mit ihren Werten präzise herauszuformulieren sind. Vor- und Nachteile auch von axiologischen Alternativen sind aufzuzeigen. Das gilt auch für das Wertesystem potentieller Gegner. Nur durch Vergleiche der einzelnen Wertesysteme gewinnt der einzelne Soldat eine Bewertungs- und Entscheidungsfähigkeit, die nicht nur seine eigene Grundposition profiliert, sondern ihm auch die Überzeugung liefert, für seine axiologische Grundposition, für sein Menschenbild und für seine demokratische Weltanschauung zu kämpfen.

(3.) Bedingungen des Tötens und Zerstörens

Während in den bisherigen Ausführungen über die Search and Destroy-Kommandos vorwiegend allgemeine Einsatzziele und Verhaltensmuster im Vordergrund standen, die auch für andere Einsatzkräfte Gültigkeit haben könnten, geht es jetzt um die speziell darin plazierten Aktionen des Tötens und Zerstörens.

Keinesfalls dürfen "free-fire zones" und "search and destroy missions" als Aufforderung zum Töten verstanden werden. Dennoch ist Töten und Zerstören in vielen Einsätzen notwendig. Auch eigene Verluste sind zu beklagen. Erobert wird nichts, erbeutet selten. Die Einsatzerfolge reduzieren sich demnach vorwiegend auf das Töten und Zerstören sowie auf das möglichst rasche und unbemerkte Verlassen des Einsatzgebietes. „Search and destroy could wear down even the most willing“ (Nolan 1986, 38).

Die Einsätze bringen keine Gewinnresultate im klassischen Kriegssinne, sondern nur Tötungs- und Zerstörungsresultate. Dieser Tatbestand muß in der Ausbildung der Spezialeinheiten deutlich und uneingeschränkt vermittelt werden. Bei manchen Soldaten kollidiert der Auftrag mit ihrer ethischen Grundhaltung. Möglicherweise offenbart sich dieser Konflikt erst beim ersten Schußwechsel. Ein Problem, das sich auch bei Spezialeinsatz-Kommandos der Polizei anzeigt. Aufklärungen vor dem Einsatz sind daher ratsam, zumal in vielen Fällen die Auswirkungen nach tödlichen Aktionen verschwiegen oder entschärft ausgesprochen werden.

Von geradezu grundlegender Tragweite ist die Fähigkeit, das Gefecht und den Krieg in seinen Zusammenhängen denken zu können. Das gilt in besonderer Weise für Spezialeinheiten. Hier müssen Einsätze voraus gedacht werden können. Wenn deutliches Vorstellen und detailliertes Durchdenken der Tötungsvorgänge in der Ausbildung nicht gelernt wurden, erhöht sich für den einzelnen das Einsatzrisiko.

Tötungen und Zerstörungen erlebt der einzelne Soldat entweder als Verursacher oder als unmittelbarer Betrachter. Eine kritische Verhaltensschwelle kann bei den Kommando-Operationen durch *direkte* Tötungsvorgänge entstehen. Zu denken wäre hier z.B. an "face to face"-Schüsse. Bei ungenügender Ausbildung für solche Aktionen können sich Blutrausch und Massaker entwickeln. Beispiele aus dem Falkland- und aus dem Vietnamkrieg sind bekannt. Allerdings müssen dazu mehrere Bedingungen erfüllt sein.

Ein weiterer Effekt der Kommandounternehmen ist hier noch erwähnenswert. Oftmals läßt die Anerkennung eines Einsatzerfolges durch die politische und militärische Führung, wenn sie überhaupt erfolgt, lange auf sich warten. Das gilt vor allem bei solchen Operationen, die politisch als kritisch beurteilt werden. Ohne Anerkennung des Erfolges kann aber selbst ein Spezialkommando nicht lange bestehen und weitere Einsätze motiviert vorbereiten. Das ist der politischen und militärischen Führung nicht immer hinreichend bewußt. Die notwendigen Erfolgsrückmeldungen kommen oftmals zeitlich versetzt. Die zeitliche Determinierung der Anerkennungen hängt vorwiegend von der aktuellen internationalen Lage ab. Außerdem dürfen die Einsätze der Spezialkommandos meistens nicht der Öffentlichkeit präsentiert werden. Das ist beim "War against Terrorism" besonders deutlich. Die psychische Überbrückung des Vakuums zwischen Einsatzerfolg und Führungsreaktion ist daher als eine Ausbildungsaufgabe zu begreifen. Selbst Mißerfolge sind, falls sie überlebt werden, kommentarlos zu ertragen. Mißerfolge sind z.B. bei Special Forces Operations nicht nur Einsatzfehlschläge, sondern auch Lagen, in denen Zielpersonen in Tötungsreichweite sind, aber der Einsatzbefehl nicht erteilt wird. Betroffen davon sind auch Jagdkommandos, denen der Gegner enteilt. Erlebte Mißerfolge generieren zu Mißerfolgserwartungen, die für ein Kommando demotivationale Faktoren sein können. Emotionale Dissonanzen und Auftragsirritationen

stellen sich ein. Der Sinn der Einsätze wird allmählich angezweifelt.
Die Herstellung des **Einsatzkontextes** zwischen den politischen Absichten, dem Auftrag und den Einsatzmaßnahmen muß ein zentrales Anliegen der Ausbildung sein.

(4.) Frustrationstoleranzen

Einsätze vor allem der Spezialkommandos schaffen Spannungen, Aversionen und Frustrationen, die durch unterschiedliche Ursachen ausgelöst werden können. Zu denken ist z.B. an Einsätze, in denen der Feind nicht gefunden wird, aber seine tödliche Wirkung fortlaufend spürbar ist. Außerdem gab es schon Kommandooperationen, in denen die Spezialkräfte wenige Meter vor der Zielperson standen, aber keinen Schießbefehl erhielten.
Ein solcher Zustand ist emotional nicht leicht zu ertragen. So stehen Vorbereitungsaufwand und Verhinderung der Tötungsaktion in einem Mißverhältnis zueinander. Der oftmals strapazenreiche und lebensgefährliche Einsatzverlauf steht auf der einen Seite, auf der anderen die zu tötende Zielperson, die nun weiter z.B. als Staatsoberhaupt die Bevölkerung und womöglich angrenzende Staaten tyrannisiert.
Das sind Lageentwicklungen, die für Spezialeinheiten nicht immer ohne weiteres einzusehen sind. Sie müssen von ihnen aber verkraftet werden. Für die daraus entstehenden dysfunktionalen Stressprofile müssen Bewältigungsmechanismen ("Coping") bereitgestellt werden. Ebenso gilt es, die auftretenden Werteirritationen und Verunsicherungen rechtzeitig durch Nachjustieren in der Ausbildung zu verhindern.

(5.) Taktik und Strategie

Grundsätzlich sollten Spezialkräfte im Sinne der Auftragstaktik geführt werden. Dies gilt im weiteren Sinne auch für qualifiziert ausgebildete Truppen mit ihren verschiedenen Aufträgen. Die Auftragstaktik unterliegt der Selbststeuerung des Individuums, wodurch in lebensgefährlichen Lagen die Überlebenschancen höher sind als bei fremdgesteuertem Verhalten, das befehlstaktisch ausgerichtet ist. Außerdem sind auftragstaktisch operierende Kommandos mit geringerem Aufwand zu führen als befehlstaktische (Ungerer 1993). Befehlstaktische Kommandos sind einfacher auszuschalten als auftragstaktische.

Die Selbststeuerung und damit die Auftragstaktik haben gegenüber der Befehlstaktik folgende Vorteile:

- größere Überlebenschancen bei Search and Destroy-Operationen;
- differenziertere kognitive (mentale) Flexibilität;
- höhere Stressresistenz;
- höhere Traumaresistenz;
- ausgeprägterer Überlebenswille.

Bewährt hat sich die selbstgesteuerte Operation als Auftragstaktik bei massiven Tötungsmaßnahmen und der anschließenden individuellen Verarbeitung des Einsatzes. Hier macht sich bemerkbar, daß die eigenverantwortlich ablaufenden Maßnahmen mit Tötung des Gegners und Zerstörung seiner Einrichtungen eher in das Weltbild eingeordnet und ethisch-moralisch kodiert werden können als befohlene Aktionen. Allerdings muß der Soldat von seinen Einsätzen überzeugt sein.

Selbstgesteuerte search and destroy operations zeichnen sich durch Stimmungsstabilität aus, durch Kampfüberzeugung und Überlebensrobustheit, wodurch die Irrtumsquote während der Einsätze gegen Null gehen kann. Daraus ist zu entnehmen, daß der menschliche Faktor in den genannten

Einsätzen eine zentrale Rolle spielt. Seine Einsatzoptimierung ist daher in der Ausbildung anzustreben, um die Erfolgs- und Überlebenschancen zu erhöhen. In den Operationen der Spezialeinheiten sollte sich jeder selbst führen, ohne den Verbund zwischen Auftrag und "combat team" aus den Augen zu verlieren. Die kognitiven und emotionalen Voraussetzungen dazu sind in der Ausbildung zu schaffen.

Die Auftragstaktik ist vom Funktionsmodell des Menschen, das der einzelne als Menschenverständnis verinnerlicht hat, abhängig (Kap. 5). Voraussetzung für selbstgesteuerte Operationen sind eine explorative Funktionsgüte, eigenverantwortliche Entscheidungsfähigkeit und damit Aktionen, hinter denen der einzelne steht. Bei der Auswahl der Spezialkräfte sollte auf diese Fähigkeiten besonders geachtet werden.

Von besonderer Tragweite für den Wirkungsgrad der Einsätze ist außerdem die Grundausbildung der späteren Mitglieder einer Spezialeinheit. Die kritische Schnittstelle in der individuellen Ausbildungsbiographie ist der Übergang von der Grund- und Fachausbildung zur Spezialausbildung. An dieser Stelle entsteht oftmals ein Ausbildungssplitting, das Spezialeinheiten und die übrigen Truppen weit voneinander entfernt und Auftrags- sowie Einsatzdifferenzen forciert. Vor allem die Grundausbildung kann sich als Schwachstelle bemerkbar machen, wenn das Verhalten im Gefecht und das damit verbundene Waffenhandling nicht stressstabil ausgebildet sind (Ungerer 1985).

Ein weitere Zäsur zeigt sich dadurch an, daß die in der Grundausbildung erworbenen Aktionsmuster nicht immer ausführungsstabil sind. Damit ist gesagt, daß sie nicht gründlich vermittelt und geübt wurden. Das gilt für Führungstechniken und Handhabungen der Waffen gleichermaßen. Sind die perzeptiven, kognitiven und aktionalen Funktionen und Fertigkeiten noch nicht optimiert und müssen diese dennoch unter hohen Belastungen eingesetzt werden, dann sind hohe Fehlerquoten zu erwarten. Das zeigen die Ausbildungsabschnitte der Einzelkämpfer-Lehrgänge (EKL) der Bundeswehr, und zwar EKL I und EKL II in besonderer Weise. Bei den oftmals hohen Beanspruchungen der Teilnehmer sind akute Rückfälle in das nicht gefestigte Einsatzrepertoire zu beobachten. Soldaten haben z.B. im Belastungsgrenzfall Führung und Sicherung vernachlässigt, die Waffe nicht mehr beherrscht und einfache Grundregeln vergessen.

Ein bisher noch nicht umfassend gestütztes Ausbildungsanliegen ist die **perzeptive und kognitive Leistungs- und Belastungsfähigkeit**. Während Spezialeinheiten in der Regel einen weit entwickelten körperlichen Fitnesszustand aufweisen, sind ihre visuellen und auditiven Strategien sowie die überlebensnotwendigen kognitiven Operationsmuster nicht unbedingt auf dem erforderlichen Einsatzniveau. Damit näheren wir uns einem Einsatzprofil, das nach den amerikanischen Erwartungen dahingehend differenziert ist, daß nicht nur physische Robustheit gefordert ist, sondern auch eine mentale Agilität unter Beachtung der einsatzspezifischen Risikoschwellen. Weiterhin sind entscheidungsverfügbare Informationbeschaffung über Ziele und Einsatzverlauf ohne Zeitverzug sowie ein Informationsumsatz mit einer gegen Null gehenden Fehlerquote von Bedeutung. Darüber hinaus müssen vor allem Spezialkräfte die Beanspruchungen durch Gefangenschaft, Geiselhaft und Folter dämpfen oder abwehren können. Dazu sind wiederum spezielle mentale Strategien und emotionale Kontrolltechniken notwendig (Kap. 6).

(6.) Empfehlungen für die Ausbildung:

1. Von derzeitigen und zukünftigen Einsatzanforderungen herleitbar stehen die Fähigkeiten des **Explorierens, Selektierens und Bewertens** von Lageinformationen unter Extrembedingungen und in außergewöhnlichen Lagen an erster Stelle. Das sind Lagen, die im Augenblick des Einsatzes noch unbekannt waren. Überraschungen lassen sich vermeiden, wenn Lagebesonderheiten recht-

zeitig erkannt werden. Die Sinnesorgane als die Vorposten des Gehirns sind daher bevorzugt auszubilden.

2. In der Ausbildung wird immer wieder das Argument vorgetragen, daß nicht für alle Lagen ausgebildet werden kann. Das ist richtig. Militärische Spezialeinheiten müssen daher mit 12 bis 15 **außergewöhnlichen Übungslagen** in ihrer Vorbereitungszeit umgehen lernen, um die Grundeinstellung zu entwickeln, daß auch Lagen, die vorher nicht bekannt waren, erfolgreich bewältigt werden können. Die Übungslage war um so besser, je unmöglicher sie auf die Einsatzkräfte wirkte.
3. **Zerstören von Objekten und Töten von Personen** sind Vorgänge, die für den Einsatzerfolg unabdingbar sind. Daher ist es eine primäre Aufgabe in der Ausbildung, die mentalen und emotionalen Voraussetzungen in ihrem ethisch-moralischen Kontext dafür zu schaffen. Die hohen Anforderungen, die solche Einsätze vom einzelnen abverlangen, sind leichter zu verarbeiten, wenn die zu eliminierenden Objekte und vor allem Personen deutlich herausgearbeitet und bewußt gemacht werden. Ungenaue Zielvorgaben schaffen eine Zerstörungs- und Tötungsungewissheit und demnach eine Einsatzverunsicherung, die nicht nur ungünstige Motivationsgrundlagen sind, sondern bei einem Mißerfolg der Operation auch noch zusätzlich psychisch belasten. Die **genaue sprachliche Zielkennzeichnung** ist daher vor jedem Einsatz unerläßlich. Tabuisierungen wirken erfolgsmindernd.
4. Spezielle Einsatzvorkommnisse sind "**face to face"-Kämpfe, Nahkämpfe, Handgemenge, Blutrausch und Massaker**. Sie stehen in ihrer Genese sehr eng beieinander, zumal sie affine Eigenschaften besitzen. So kann es vorkommen, daß "face to face"-Kämpfe bzw. Nahkämpfe in Blutrausch umschlagen. Das Massaker ist davon eine psychische Verzweigung. Während die drei zuerst genannten Kampfarten noch unter Kontrolle des Kämpfenden bleiben, ist beim Blutrausch und Massaker die

Selbstkontrolle ausgefallen. Der einzelne verläßt seinen axiologisch festgelegten emotional-kognitiven Vetobereich, so daß er oftmals für den Beobachter blitzartig unberechenbar wird. Kurze Zeit später werden die Attakken bereut. Ursachen für solche Kampfprofile sind u.a. akute Überforderungen (Ungerer 2001). Daher ist es ratsam, auch Extremlagen für den Nahkampf und für das Handgemenge unter unerwarteten Sonderbelastungen auszubilden und fortlaufend zu üben. Nur dadurch lassen sich die nötigen Ressourcen bereitstellen, die den Verlust der Eigenkontrolle verhindern.

5. **Search and Destroy-Operationen** müssen einem hohen Anforderungsprofil genügen. Daher ist es beinahe überflüssig darauf hinzuweisen, daß die elementaren Überlebensfunktionen in solchen Einsätzen fortlaufend zu üben und nachzujustieren sind. Gemeint sind vor allem die **funktionalen Verknüpfungen** zwischen Wahrnehmen, Lagebewerten, Entscheiden und Handeln. Die Funktionen müssen routiniert ablaufen. Unter die Wahrnehmungsleistungen fallen Sehen, Hören, Tasten, Riechen und Schmecken. Sie müssen in allen erdenklichen Situationen funktionsfähig bleiben. Wer die Einsätze kennt, der weiß, was es heißt, den Gegner nicht nur rechtzeitig visuell oder auditiv zu identifizieren, sondern z.B. auch zu riechen. Zu riechen, ob er gerade noch hier war oder sich noch in der Nähe befindet. Im Dschungeleinsatz oder in Gebäuden kann eine ausgebildete Riechleistung dazu beitragen, nicht überrascht zu werden. Anhand des Schweißgeruches läßt sich sogar der Belastungszustand des Gegners ausmachen. Außerdem läßt sich bei Gehgeräuschen heraushören, ob es sich um einen Sandalenträger handelt, der langfristig oder nur einige Stunden diese Schuhwerkzeuge trägt. Die genannten Wahrnehmungsleistungen müssen ständig gefordert werden, um das einsatznotwendige **sensorisches Niveau** herzustellen und zu erhalten.

6. Die Erfolge von Search and Destroy-Kommandos hängen in entscheidendem Maße von ihrer **Gruppenkohäsion** ab, die selbst in Extremlagen noch funktionabel sein muß. Konflikte zwischen den einzelnen Soldaten im Kommando mindern nicht nur die Einsatzkraft, sondern sie binden auch Ressourcen, die dann für ein flexibles taktisches Verhalten im Gelände und im Nahkampf nicht mehr zur Verfügung stehen. Daher ist die **Einsatz-Kohärenz** fortlaufend unter Extremlagen zu kontrollieren. Auftretende Konflikte sind durch Trennung der Konfliktpersonen auszuräumen, zumal der Versuch, Konflikte aufzulösen oder wenigstens zu entschärfen, zeitraubend und wenig erfolgsversprechend ist. Im Zuge der Einsatzvorbereitungen sind die dadurch entstehenden Ressourcenbindungen nicht zu vertreten.
7. Mitte der 90er Jahre wurde in einer Studie der „U.S. Army Medical Research Unit-Europe" untersucht, welche Ursachen Soldaten zum verantwortlichen Handeln bewegen und welche zur Entfremdung beitragen. Dabei stellte sich auch die Sinnfrage. Nach einem „Triangle Model of Responsibility" (WRAIR 24, 1996), das aus Verantwortung, Pflichtgefühl und Moral besteht, wurden folgende Maßnahmen zur Festigung der genannten Eigenschaften vorgeschlagen:

- Rule Clarity;
- Mission Relevance;
- Personal Control;
- Mission Importance.

Nur bei klaren Einsatzregeln läßt sich angemessen handeln. Ebenso ist der Soldat davon zu überzeugen, daß der Auftrag für ihn von Bedeutung ist. Der Soldat soll beim Einsatz über sein Verhalten mitbestimmen. So ist es zweckmäßiger, wenn er neben den Befehlen auch noch einen persönlichen Handlungspielraum zur Verfügung hat. Außerdem muß der Auftrag wichtig und sinnvoll sein für den Soldaten. „That is, responsibility, moral and commitment are greatest when the rules for performance are clear, the soldier perceives the rules as relevant to training, the soldier exercises personal control over the event, and the soldier believes in the importance of the mission“ (WRAIR 24, 1996). Hier handelt es sich um **einsatzpragmatische Grundwerte**, die belastungsstabil sind. Demzufolge ist eine Einsatzethik von den Einsatzbesonderheiten her zu entwickeln, keinesfalls aus philosophischer und theologischer Sicht zu oktroyieren.

2.4 Kampf gegen die Terroristen und Terroristinnen

(1.) Die spezielle Lage

Der Terrorismus kann auf eine lange Tradition zurückblicken. Die destruktiven Aktivitäten, die von ihm ausgehen, werden sowohl von Terroristen als von Terroristinnen verursacht. Das sind Personen, die einzeln oder in Gruppen agieren. Eine Unterscheidung in Terroristen und Terroristinnen sowie Terrorismus ist hier notwendig, weil mit Terrorismus eine mehr allgemeine und abstrakte Bezeichnung vorliegt, mit Terroristen und Terroristinnen aber die real existierenden Personen mit ihrem Kampfverhalten verstanden werden. Das kommt ihrem religiösen, weltanschaulichen und kulturellen Background etwas näher.

Terrorismus ist nicht neu. Er nahm über Jahrzehnte immer unterschiedlichere Gesichter an. Eine genaue definitorische Eingrenzung ist derzeit kaum möglich. Bereits im Field Manual der US Army (100-5, 1986) wurde die Frage nach den Merkmalen des Terrorismus gestellt. Gesehen wird darin eine **vorsätzliche Gewalt gegen zivile Ziele,** außerdem Zwang und Gewalt in gesetzwidriger Weise gegen Personen oder deren Eigentum, so eine weiterreichende FBI-

Auslegung (1996). Gemeinsam ist diesen Festlegungen die Anwendung von Gewalt gegen zivile, wehrlose Personen. Diese Gewalt ist eine **kalkülisierte Vernichtungsoperation**. Sie kann physisch oder informationell sein. Die Angriffsziele im militärischen Bereich können die physische Vernichtung, die Verfolgung über die psychomentale Borderline hinaus bis zur Irritierung und Zerstörung der Identität, des Gewissens und des gesamten axiologischen Rasters des Soldaten und hier speziell der Führung sein.

Selbst explikative Eingrenzungen sind nicht einfach zu handhaben, wenn an die akute Lageentwicklung nach dem 11. September 2001 gedacht wird. So läßt sich z.B. der Krieg gegen den Terrorismus beliebig ausweiten, nicht jedoch der Krieg gegen Terroristen und Terroristinnen. Ein Krieg gegen sie erzwingt per definitionem dazu, nur Terroristen und Terroristinnen anzugreifen.

Der Antiterror-Krieg verdeutlichte in den letzten Jahren immer mehr, daß das bereits beschriebene Spektrum von der Maschinenpistole bis zur Informationskriegführung seine Gültigkeit hat (Ungerer 2002). Militär, aber auch Polizei, und bei beiden ihre Spezialeinheiten, sind in ihrer Ausbildung und Einsatzpraxis diesem Spannungsfeld ausgesetzt. Damit ist aber auch gleichzeitig gesagt, daß der Krieg gegen Terroristen und Terroristinnen mit den klassischen Maßstäben nicht mehr zu messen und auch nicht mehr zu bewältigen ist. Das Einsatz- und Kriegsfeld erfordert vielmehr eine Anforderungsanalyse, die sich nicht nur einsatzorganisatorisch und kampfstrategisch gemäß herkömmlicher Auffassungen erschöpft, sondern vielmehr in die weltanschaulichen Denkmuster, Intentionen und in die daraus determinierenden Kampfstrategien hineingreift, um mit den gewonnenen Analyseergebnissen die Maßnahmen im Kampf gegen den Terrorimus präzisieren zu können (Abb. 1).

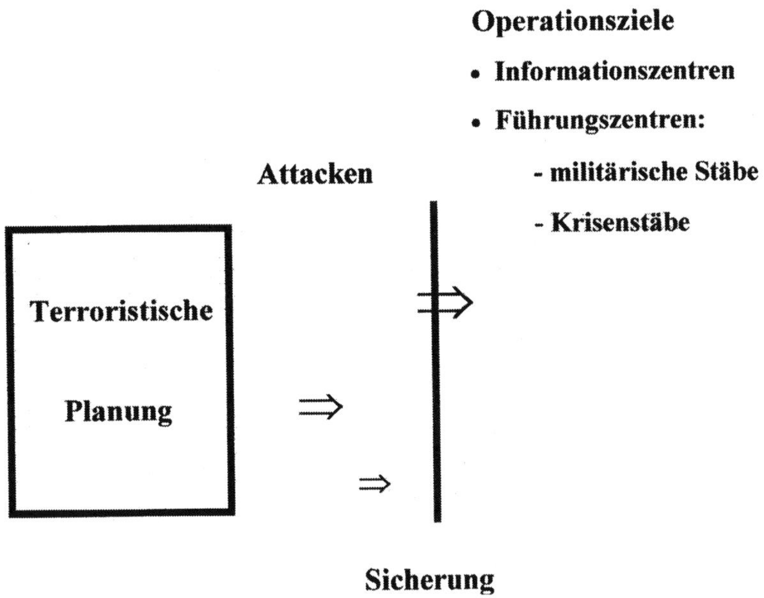

Abb.1: Bevorzugte Operationsziele terroristischer Attacken, die zeitlich versetzt ablaufen, um die Sicherung zu durchbrechen und die Aufmerksamkeit zu destabilisieren.

Die Frage muß sich daher auf die **axiologischen und kognitiven Grundpositionen, Operationsziele sowie Aktionsstrukturen** der Terroristen und Terroristinnen richten. Je genauer diese bekannt sind, um so präziser lassen sich Gegenmaßnahmen ergreifen. Sie lassen Rückschlüsse auf weltanschauliche Denkmuster, Planungen und Kampfstrategien zu.

Terroristische Ziele und Operationen sind in sich logisch. Die Kennparameter dieser Logik sind die Grundpositionen der einzelnen Terroristen und Terroristinnen. Solche Grundpositionen sind axiologische Letztbegründungen, die durch Weltanschauung, Religion, Kultur und Lebensumwelt determiniert sind. Sie lassen sich näher lokalisieren und bestimmen. Für Aufklärung und Fahndung sind sie von grundlegender Tragweite.

(2.) Spezielle Operationsziele und Attacken-Strategien

In Informations- und Führungszentren geht es im wesentlichen um Informationsumsätze, Informationsexplorationen, Entscheidungen und Maßnahmen. In ihnen wird Lageinformation „gehandhabt". Daher sind sie für Informationsangriffe besonders gut geeignet. Diese Angriffe folgen keineswegs einer **„Schrotschuß"-Strategie**, sondern sie zielen auf **sensible Strukturen und Funktionen im Informationsumsatz der genannten Zentren.**

Der terroristische Informationskrieg ist auf Führungspersonal und Entscheidungsträger in **Stäben, Behörden und Unternehmen** ausgerichtet. Militärische Führungs- und Entscheidungszentren werden dabei genauso anvisiert wie die Zentren der Politik, der Polizei und der Industrie. Aber auch Wohngebiete und Urlaubsgebiete können betroffen sein. Die Folgewirkungen solcher Angriffe sind langfristig gesehen verheerender als die unmittelbaren Auswirkungen bewaffneter Angriffe, da diese zeitlich begrenzt und in ihrer Zerstörungskraft kalkulierbar sind. Bevorzugt werden inzwischen Kombinationen aus tödlich wirkenden Attacken (Waffeneinsatz, Sprengstoff, biologische und chemische Kampfstoffe) mit psychisch und informationell ausgerichteten Langzeitstrategien.

Die nachfolgenden Ausführungen sind eine weiterführende Auswahl terroristischer Operationsziele und Angriffsweisen, die sich inzwischen auf soziale und militärische Schwachstellen ausrichten.

- Entscheidungssysteme und Informationsströme

Entscheidungssysteme sind mit ihren informationellen Interaktionen hochsensible Ziele. Sie weisen Schwachstellen auf. Das klassische Verfahren eines Angriffes auf Entscheidungseinrichtungen bestand in einem Kommandounternehmen mit Handgranaten und Maschinenpistolen. Auffallenderweise sind solche Aktionen immer noch erfolgreich, da die meisten Einrichtungen dieser Art gegen terroristische Angriffe nicht gesichert sind. Künftig werden **zeitversetzte Doppelattacken terroristische Angriffe** kennzeichnen: Während die **erste terroristische Welle** eine Katastrophe auslöst, erfaßt die **zweite Welle** die Krisenstäbe und Hilfsorganisationen.

Zeitversetzte terroristische Doppelattacken sind in der Zweitattacke auf die Vernichtung der militärischen Stäbe, der Krisenstäbe und des Rettungspersonals gerichtet.

Der komplette Ausfall der Führung wäre dann die zweite Katastrophe. Der Krisenstab steckt dann wirklich in der Krise.

Auf die Hintergründe dieser Doppelattacken wird in diesem Kapitel nochmals eingegangen.

Weniger spektakulär, aber wesentlich wirkungsvoller, ist der **zeitvariabel angelegte Informationsangriff.** Das ist ein Drohen ohne anzugreifen, ein Angreifen ohne zu drohen. Zeit und Ort der Operation liegen selten im üblichen diskursiven Rahmen.

Als der Autor 1983 in der International Herald Tribune schrieb, „Our weapon should be information“, war nicht zu erwarten, daß Information eine Waffe mit der heutigen Tragweite im Anti-Terror-Kampf werden würde.

Information wird immer mehr zum **zentralen Kampfmittel**. Sie kann Menschen töten, Emotionen auslösen, Ideologien zerstören oder aufbauen, aber auch präventiv wirken. Daher ist es nicht überraschend, daß der Terrorismus zunehmend mit diesem Kampfinstrument arbeitet.

Der Informations-Terrorismus ist in zwei Ebenen zu differenzieren, und zwar in die elektronische Ebene und in die inhaltliche Ebene. Die inhaltliche steht hier im Mittelpunkt, da sie die **Steuerungs- und Manipulationsgröße** in unseren Kommunikations- und Interaktionsnetzen darstellt.

Information hat eine bestimmte **Bedeutung für einen Empfänger**. Außerdem ist Information nur einsatzfähig, wenn bei ihrer Übermittlung die **Bewertungsfähigkeit** des Empfängers berücksichtigt wird. Überforderte Entscheidungsträger verarbeiten eintreffende Information nicht unbedingt lagerelevant. Sie verharmlosen und verarmen oftmals taktisch (Kap. 2.7 und 3.1). Diese Führungsschwachstellen sind beliebte terroristische Angriffsnischen.

Aufschlußreich waren nach dem 11. September 2001 die Sprachkodes in der Öffentlichkeit. Viele hatten keine Dialogreserven mehr zur Verfügung, um der terroristischen Lage und ihrer Auswirkung sprachlich gerecht zu werden. Politiker und Führungskräfte waren auf die Attacken nicht vorbereitet, weder psychisch noch mental. Die Sprache reduzierte sich bei ihnen auf „basics". Das ist Ausdruck des **individuellen Spannungsfalles.** Hier liegt eine weitere informationelle Angriffsnische mit der Intention vor, Führungspersonen und Politiker in die Sprach - Regression zu drängen.

Die Bereinigung der erwähnten Informationsangriffe gelingt mit Gegenstrategien, die allerdings für die entsprechenden Lagen zuerst einmal ausgebildet werden müssen. Die Mechanismen der Destabilisierung und Stabilisierung von Informationsströmen in militärischen Stäben und Krisenstäben sowie anderweitigen Einrichtungen ist trainierbar (Kap. 2.7).

- Subversive Einlagen

Informations- und Führungssysteme sind derzeit noch relativ leicht durch subversive Segmente zu **destabilisieren**. Das gelingt kurzfristig und ist relativ leicht. Allerdings müssen vorher die Zielpersonen und ihr Sprachrepertoire näher bekannt sein. Die Stimulierungen können auf folgendes ausgerichtet sein:

- auf die Satzstruktur im Informationsaustausch (erzeugt Verwirrung);

- auf die semantischen Felder der Begriffe (erzeugt Unruhe, Schreck, Bedrohung);
- auf die Kontexte im Satzverbund (erzeugt Irritationen im Satzverständnis);
- auf die emotionalen Kodierungen von Satzsegmenten (erzeugt Aversionen gegen den Übermittler der Information);
- auf Transformationen und Projektionen von Begriffen (liefert Fälschungen);
- auf die Generierung dysfunktionaler Information (trägt zu falschen Abwehrmaßnahmen bei).

Die daraus resultierenden Fehlleistungen, Lagebewertungen und irritablen Emotionen können sich verhängnisvoll auswirken.
Zur Identifizierung subversiver Informationssegmente in der Stabsarbeit oder im Management eines Unternehmens sind Spezialisten erforderlich. Innerhalb von Planübungen lassen sich Abwehrstrategien ausbilden.

- Irritierung weltanschaulicher Bezugssysteme

Weltanschauliche Bezugssysteme, Religion und Ideologien stützen die Integrität von Menschen. Führungspersonen im allgemeinen, Politiker, Militär- und Polizeiführer im speziellen sind auf eine differenziert entwickelte Integrität und Identität angewiesen. Diese axiologischen Variablen lassen sich irritieren und sogar zerstören. Das gelingt relativ leicht über das jeweilige Menschenbild. Es gelingt besonders effektiv, wenn es nur geringfügig axiologisch fundiert, d.h. das Wertesystem nicht wesentlich entwickelt und stabilisiert ist. Ein Atheist ist leichter weltanschaulich zu manipulieren als ein religiös verankerter Mensch. Die **Infiltration des weltanschaulichen Bezugsystems** und damit die Identitätszerstörung einer Person lassen sich im Informationskrieg praktikabel nutzen. Wesentlich ist nur, daß die **Aufmerksamkeitsschleuse der Zielperson** überwunden wird, um die **weltan-**

schauliche Störgröße plazieren zu können. Identitätskrisen und Selbstzweifel lassen sich dadurch auslösen und chronifizieren. Dieses **Informationskriegsszenario** kann von beiden Seiten geführt werden.

- Vorauskalkulationen

In unserer Kultur haben wir eine merkwürdige Barriere, wenn es um die Vorauskalkulation von **Tod und Vernichtung** geht. Beide werden **tabuisiert.** Selbst Krisenstäbe sind vor solchem Denken nicht geschützt. Diese **mentale Barriere** ist in der medizinischen Prävention, der Unfallprävention, im Katastrophenschutz und im Kriegseinsatz nachzuweisen. In der Terrorismusbekämpfung ist diese Barriere ebenfalls allgegenwärtig. Desgleichen gilt dies auch für militärische Vorausstrategien und die militärische Ausbildung. Viele Ausbildungssegmente bestimmen sich noch aus einer tradierten Kriegführung. So wird z.B. die **unterentwickelte Vorauskalkulation von Lagen** dann zum Risikofall, wenn der terroristische Angriff diese Schwachstelle nutzt. Schaffe **außergewöhnliche Lagen**, also Lagen, die vorher nicht gesehen, nicht gehört und nicht gedacht wurden, und die **Überrumpelungschancen** sind recht günstig. So ereignen sich die meisten erfolgreichen Attentate überfallartig. Die Erkenntnisse aus den terroristischen Szenarien lassen sich folgendermaßen formulieren:

„Wir haben es alle gewußt, aber keiner hat daran geglaubt."

Die Amerikaner sprechen hier vom „too late"-Syndrom. Die außergewöhnliche Lage wird nicht rechtzeitig erkannt und bewertet. Dazu sind einige Beispiele aus Einsatzerfahrungen herauszugreifen, weil hier das Phänomen konkretisiert werden kann.

- Die jüngere Terroristengeneration kennt **kein Schutzverhalten** mehr. Terroristen und Terroristinnen rennen in die Schußlinien. Werden sie nicht tödlich getroffen, stehen sie vor uns. Hier prallen kulturspezifische Kampfmuster aufeinander, die beim Angreifer einen indoktrinären Background signalisieren. Der Angreifer nutzt die Abwehr-Latenzzeit des Angegriffenen, um ihn umzubringen. Greifen Terroristinnen an, wird die Latenzzeit des Bedrohten geradezu lebensgefährlich verlängert. In solchen Situationen rechtzeitig auf gut aussehende Frauen um 23 Jahre zu schießen, gelingt nicht immer. **Kulturell bedingte „Vetofunktionen"** wirken sich hier lebensgefährlich aus. Solche Lagen müssen daher vorausgedacht und intensiv geübt werden.

- Bekanntlich setzt die jüngste Terroristengeneration auch Kinder ein. Eine Person, die ein Kind (Alter zwischen drei und fünf Jahren) im Reitsitz auf dem Unterarm trägt, eine Handgranate zwischen den Oberschenkeln des Kindes hält, bereitet unseren **kulturbedingten Wahrnehmungs- und Denkmustern** besondere Schwierigkeiten. Diese sensible Lage ist ebenfalls vorauszudenken und zu üben.
- Liegen über lebensbedrohliche Ereignisse kein Wissen und keine Erfahrungen vor, können sie ohne entsprechende Ausbildung nicht als individuelle Bedrohungen bewertet werden. Genau diese **visuellen und auditiven Wahrnehmungsdefizite** werden strategisch für terroristische Aktivitäten genutzt. Wer dachte schon daran, daß ein Flugzeug im Kurvenflug auf das World Trade Center zufliegen könnte, um in dieses hineinzurasen. Wer denkt schon daran, daß ein friedlich aussehender Radfahrer mit Rucksack gleich in einem Cafe eine Bombe zündet, eine C-oder B-Lage auslösen könnte. Die Symptome sind deutlich, die terroristischen Angriffsnischen auch. Solche außergewöhnlichen Lagen sind daher unbedingt auszubilden. Das administrative Argument „Das haben wir noch nie gehabt" ist lebensgefährlich.
- Selbsttötungsattentäter werden nicht immer rasch genug als solche erkannt. Die Distanz vom einfachen Festnehmen eines Tatverdächtigen bis zur Zündung einer Handgranate ist im Augenblick der Festnahme bei unseren Ein-

satzkräften mental noch sehr groß. Man nimmt z.B. die Selbsttötungsgefahr zur Kenntnis, aber bewertet real die Lage falsch. Das Wissen über Selbsttötungsverfahren gehört nicht unbedingt zum Ausbildungsstandard. Außerdem stößt es in gewissen Kulturkreisen auf Ablehnung. Diese Einstellung wird von den Tätern taktisch genutzt.

- Explosionen führen bei direkt Betroffenen bzw. bei Passanten dazu, daß sie das, was sie sehen, nicht glauben wollen." Ich traue meinen Augen nicht", sagt der Volksmund. Sie wollen das Ereignis etwas genauer betrachten. Dadurch rennen sie nicht davon, sondern bewegen sich auf die Bedrohung zu. Das andere Verhaltensmuster besteht darin, daß sich die Betroffenen fluchtartig vom Ort der Bedrohung entfernen. Sie fliehen. Fluchtverhalten hat aber seine Gesetzmäßigkeiten. So wird in einem umzäunten Gelände dem Ausgang zugerannt, in dunklen Räumen Richtung Helligkeit, in Häusern auf die Straße gedrängt. Diese vermeintlichen Fluchtrefugien werden zukünftig stärker terroristisch genutzt. Die strategischen Überlegungen innerhalb der Terrorkommandos gehen dahin, eine **zeitlich versetzte Doppelzündung** vorzunehmen. Der zweite Sprengsatz trifft die Menschen, die sich retten, aber auch das Personal, das zur Hilfe kommt.

Hieraus ergibt sich folgendes:

1. Das Verhalten der Menschen in kritischen Situationen wird als taktisches Kalkül für terroristische Angriffe genutzt.
2. Die mentale Verweigerung, tödliche Lagen zu denken, ist eine der größten Präventionsbarrieren in unserer Kultur. Ihre destruktive Nutzung war bisher immer erfolgreich.
3. Terroristen und Terroristinnen nutzen die Nische unserer verminderten vorauskalkulierenden Aufmerksamkeit erfolgreich.

Erwähnenswert sind hier die Bewertungsumstände des Attentates auf die US-Botschaft in Nairobi. Der „private security guard", der den Kastenwagen mit dem Sprengstoff beobachtete, gab zu Protokoll, daß er einen Kastenwagen sah, der quer über die Haile Selassi Avenue in einem „abrupt left turn" auf die US-Botschaft zu raste, und zwar mit „a terrible speed". Nur, er reagierte nicht, weil seine Lagebewertung unzureichend war. Das Spannungsfeld der terroristischen Lagebewertung reichte vom fiktiven Verkehrspolizeibeamten bis zum Waffeneinsatz eines gegen terroristische Maßnahmen ausgebildeten Bewachers. Dieser hätte das Fahrzeug beschossen. Dadurch wäre es möglicherweise auf der Straße explodiert und nicht in unmittelbarer Nähe der Botschaft. Im ersten Fall wären möglicherweise 10 bis 20 Tote zu beklagen gewesen, der zweite Fall kostete 247 Menschen das Leben.

Das Beispiel zeigt eindringlich, daß rasche Lagebewertungen und angemessene Aktionen unerläßlich geworden sind. Hier gilt es, Mut und Entschlossenheit aufzubringen. Die spezifischen psychischen und ethischen Voraussetzungen dazu müssen meistens in der Auseinandersetzung mit der Thematik noch geschaffen werden.

Die mentale Verweigerung dazu ist in der Administration sowie in der militärischen Ausbildung und Einsatzplanung geradezu etabliert. Der außergewöhnliche Fall wird nur selten oder nur mit hohem Aufwand gedacht. Das „Undenkbare zu denken" fällt nicht leicht. Planübungen mit terroristischen Lagen, die sich möglicherweise in der kommenden Zeit ereignen könnten, wurden bisher meistens mit dem Argument abgelehnt, daß es das noch nie gegeben habe. Solche Einstellungen tragen auch zur Unterfinanzierung der militärischen Ausbildung bei. Hier dokumentiert sich eine **vorauseilende Fahrlässigkeit**.

- unsichtbare Gefahren

Chemische, biologische und nukleare Gefahren sind sensorisch meist nicht registrierbar. Unsere Warnsysteme sprechen erst an, wenn es zu spät ist. Eine stammesgeschichtlich uralte Lebenssicherung wird hier außer Kraft gesetzt. Selbst das Agieren von der Hand in den Mund funktioniert nicht mehr. Die Unsicherheit nimmt aufgrund dieser Bedrohungen beachlich zu. Die terroristische Gefährdungsnische liegt demgemäß darin, mit **sensorisch nicht erkennbaren Stoffen** zu operieren.

Eine weitere unsichtbare, aber wirksame Störungsvariante ist das Erzeugen von **Ungewißheit**, ein Zustand, der sich nach dem 11. September 2001 weltweit verbreitete. Gefahr wird überall vermutet, aber keine ist real zu erkennen. Militärisch formuliert ist dies die „Leere des Gefechtsfeldes". Terroristen und Terroristinnen sind überall, sie werden nur nicht wahrgenommen. Ein solcher Zustand sollte eigentlich zum Handeln veranlassen. Wir versuchen, die ungewisse Lage zu bereinigen, indem wir Gewißheit anstreben. Der Zustand der Ungewißheit kann unerträglich werden. Wir haben nicht gelernt, mit ihm umzugehen. Dieser psychisch notwendige Drang zur Gewißheit kann außer Kontrolle geraten. So wird dann alles dingfest gemacht, was der Gewißheitsstabilisierung dienlich ist. „Terrorismus-Hypochonder" hervorzubringen sollte allerdings vermieden werden. Das ist aber von der Gegenseite beabsichtigt.

- Selbsttötungsattentäter

Hier wird von Selbsttötungsattentätern gesprochen. Der Begriff drückt deutlicher die Überzeugung des Täters beim Tötungsakt aus als der herkömmliche Begriff des Selbstmordattentäters.

Immer wieder wird in letzter Zeit gefragt, ob Selbsttötungsattentäter schon im Vorfeld ihrer Tat **identifiziert** werden könnten. Dazu ist folgendes zu sagen:

Wird Personen die Rückmeldung über ihr eigenes Tun und über die Konsequenzen ihres eigenen Tuns abgeschnitten, dann lassen sich relativ rasch **Voraussetzungen für Selbsttötungsaktionen** herstellen. Selbsttötung ist im Menschenbild verankert, einem Menschenbild, in dem perzeptive Funktionen weitgehend **depriviert** sind. Das Individuum lebt nur noch aus sich selbst heraus, es reproduziert sich nur noch selbst. Das ist das **Primärmerkmal eines Selbsttötungsaktivisten**. An dieser Stelle unterscheidet er sich von einem Menschen, der Selbstmord begeht. Der Selbstmord ist das Resultat aus einem pathologischen Zustand, die Selbsttötung ist das Resultat aus einer religiösen oder ideologischen oder kulturellen oder individuellen **Überzeugung**. In beiden Fällen wird sensorisch depriviert, nur die Voraussetzungen sind verschieden.

Nachstehende Zusatzbedingungen begünstigen Selbsttötungsaktionen:

- **weltanschauliche Indoktrinationen und Fremdsteuerungen** der jeweiligen Person. Die Eigentötung ist der letzte Schritt, die Selbstachtung und den kulturell-religiösen Selbstwert wieder zu erlangen.
- **Zusammentreffen kompatibler religiöser und weltanschaulicher Denkmuster** mit einem hohen Anteil an Fremdsteuerung, (z.B. Gottes Wille, Parteigehorsam, Gruppenverpflichtungen). Die Selbsttötung ist so als Selbstverteidigung konzipiert und wird dadurch moralisch individuell gerechtfertigt.

Solche Verhaltensregulierungen sind durch eine **fundamentalistisch-totalitäre Psychoprogrammierung** zu erreichen, die sowohl durch die soziale Umwelt als auch durch eine gezielte Ausbildung erfolgen kann.

Selbsttötungsattentäter haben eigenartigerweise **wenig Zeit** und offenbar nichts zu verlieren. Der Tötungsauftrag zwingt zu einer beschleunigten Zeithandhabung.

Als Selbsttötungserleichterungen sind ferner Feindbildverstärkungen, Dehumanisierungen des Feindes und die **Per-**

fektionierung des Tötungsvorganges zu sehen. Dieses Merkmal weisen auch Kopfschußspezialisten auf.

(3.) Lagebewertung

Die Erscheinungsformen des Terrorismus sind nur relativ neu. Sie sind dennoch von großer existentieller Tragweite, so daß hier eine spezielle Lagebewertung notwendig ist.
Die Gewalt des Tötens ist im Terrorismus vorwiegend symbolisch ausgerichtet. Als Ziele gelten daher kulturelle, religiöse und wirtschaftliche Einrichtungen sowie Führungs- und Entscheidungszentren, die stellvertretend für politische, ethnische und religiöse Grundhaltungen stehen. Dementsprechend ist der Terrorismus nicht regional begrenzt. Terroristische Aktivitäten sind zwar öffentlichkeitswirksam, die Terroristen und Terroristinnen treten aber nicht als bewaffnete Gruppen in der Öffentlichkeit auf. Ebenso gehört es nicht zu ihrer Kampftaktik, Territorien zu erobern oder gar zu verteidigen. Darin unterscheiden sie sich von den Partisanen und Guerillas.
Die Gewalt der Terroristen und der Terroristinnen hat sich zu einer globalen Bedrohung ausgeweitet. Weltweit ist sie auf spezielle Personen und Objekte ausgerichtet. Die Auswahl der Ziele erfolgt vorwiegend aus religiösen, weltanschaulichen, ideologischen, separatistischen, antikolonialistischen, ethnisch-nationalistischen u.ä. Grundpositionen heraus. Unter Grundposition wird hier eine nicht weiter reduzierbare Einstellung verstanden, die sich aus den genannten Variablen ergibt. Grundpositionen, so z.B. religiöse, sind basisinvariant, d.h. sie sind stabil und nicht veränderbar. Grundpositionen haben oftmals ein synonymes Bezugssystem. Zu fragen ist demzufolge immer nach dem Background bzw. nach den Grundpositionen, die terroristische Attacken bedingen.

Jedes Zerstörungsziel hat seinen realen **Äquivalenz-Code** im Background des Terroristen und der Terroristin. Damit ist gesagt, daß der terroristische Attacken- und Zerstörungsfall höchst wahrscheinlich dann eintritt, wenn backgroundgebundene Kognitions- und Emotionsmuster mit externen Personen und ihren Weltanschauungen, Wertvorstellungen, Religionen etc. **nicht** korrelieren. So gibt es zwischen den einzelnen Terroristen und Terroristinnen sowie deren Lebensumwelten divergierende Ereignisfelder und daher Konfliktherde.

Die genannten Divergenzen und Spannungsfelder erzeugen unter den einzelnen Terroristen und Terroristinnen **gruppendynamische Vernetzungseffekte**. Ein derartiger Drang nach Homogenisierung der eigenen Auffassungen, Gesinnungen, Ansichten etc. liefert die Aktionsbasis, von der aus der jeweilige terroristische Anführer oder Informationsgeber versucht, **internationale Gesinnungsnetzwerke** aufzubauen. Stammen sie aus homogenen Grundpositionen, ist ihre Ausrichtung relativ einfach. Sie lassen sich bei einer entsprechenden kognitiven Ausbildung und emotionalen Förderung leicht auf die Gesinnungsziele ausrichten und zu einem beliebigen Zeitpunkt aktivieren. Wesentlich ist bei diesen Ausbildungs- und Instruktionsverfahren, daß die vorhandenen Grundpositionen mit den eng damit verbundenen Menschenverständnissen bzw. Menschenbildern der einzelnen Gruppierungen übereinstimmen.

Das Menschenbild, das jeder Mensch in sich trägt und nach dem er sein Verständnis vom Mitmenschen ausrichtet, konstituiert sich aus den existentiellen Funktionen des Menschen. Das sind z.B. perzeptive, kognitive und aktionale Funktionen, die der Lebenserhaltung dienen. Die Funktionen, die z.B. das jeweilige Menschenbild im Laufe des individuellen Lebens konstruieren, sind ausschlaggebend dafür, in welcher Weise z.B. in einer Bedrohungslage überlebt wird. Wird einem Menschen seine eigene Entscheidung über Jahre nicht zugebilligt, dann ist er in einer kritischen Situation nicht mehr in der Lage, eine eigene Entscheidung zu fällen. Seine Lebenseinstellung wird **basisinvariant**. Er ist auf fremde Hilfe angewiesen. Er ist der typische **Befehlstaktiker**. Solche Menschen ordnen sich leicht unter, sie gehorchen willig. Die Rückmeldung über ihr eigenes Tun ist unterbrochen. Durch Erziehung und weltanschauliche Auffassungen ist die Wahrnehmung dieser Menschen massiv gedrosselt oder sogar depriviert. Sie sind weitgehend lernunfähig. Hieraus ergibt sich eine **destruktive Grundhaltung** (Kap. 5).

Die Ausführungen über die Grundpositionen waren notwendig, um die terroristischen Attacken und Selbsttötungsaktionen leichter verstehen zu können.

Kampfziele der Terroristen und Terroristinnen sind jetzt nur noch Setzungen durch die Gruppe selbst oder durch eine Führungsperson. Aufgrund der Vernetzungen basisinvarianter Lebenseinstellungen ist daher der Terrorismus an seinen Wurzeln militärisch kaum zu bekämpfen. Erreicht werden aber die genannten Gruppierungen durch gezielt angesetzte Informationsattacken, die ihre Identität irritieren und ihre religiösen und weltanschaulichen Grundmuster zerstören (Ungerer 1991). Verfahren und semantische Zielfelder solcher Attacken können hier allerdings nicht näher erläutert werden.

Neben den **gruppenaffinen Vernetzungen** ist noch die Attackenvariante der **unmittelbaren Provokation** erwähnenswert. Sie dient als Überraschungszerstörung, um Regierungen und Personen im Zielbereich zu einer raschen Gegenmaßnahme herauszufordern. Beachtenswert ist hier die mögliche Reaktionsskala. Sie reicht von der Ignorierung bis zu einem umfassenden Militärschlag. Der Militärschlag wäre notwendig, um die betroffene Bevölkerung zu beruhigen und um die innere Sicherheit zu erhalten, die Ignorierung wäre notwendig, um den Selbstwert der Terroristen zu treffen, da sie auf öffentlichkeitswirksame Attentate angewiesen sind. Die derzeit effektivste Gegenmaßnahme wäre die **informationelle und existentielle Zerstörung des Netzes**

und seiner Gruppierungen. Dazu sind aber Antiterror-Spezialisten sowie militärische und polizeiliche Spezialeinheiten notwendig, die messerscharfe **Information Warfare Operations** durchführen können. Zu denken ist hier z.B. an den Einsatz destruktiver Kommunikationsprofile, sowohl in den Metropolen als auch in entlegenen Regionen. Die herkömmliche militärische Ausbildung ist dafür ungeeignet. Die Ausbildung militärischer Spezialeinheiten ist dahingehend ebenfalls zu überdenken.

Maßnahmen sind besonders wirksam, wenn die jeweilige Grundposition, der jeweilige **Background,** der agierenden Gruppe berücksichtigt wird. Die terroristischen Attacken werden durch die genannten Grundpositionen gesteuert. Sind diese bekannt, läßt sich das Attackenverhalten, die Art des Waffeneinsatzes und die Taktik der Terroristen und Terroristinnen vorauskalkulieren.

Das Kampfverhalten des Terroristen und der Terroristin ist der „Fingerabdruck“ ihrer jeweiligen religiösen und kulturellen Grundposition.

(4.) Antiterroristische Strategie

Die regionale Bekämpfung des Terrorismus erfolgte bisher vorwiegend durch einheimische Antiterror-Einheiten, die je nach Land sowohl Polizeinheiten als auch militärische Einheiten sein können. Erst in jüngster Zeit ist eine zunehmende Verlagerung der konkreten Terrorbekämpfung in den militärischen Bereich zu beobachten. Das hängt vor allem damit zusammen, daß bei einem global operierenden Terrorismus auch eine länderüberschreitende Verfolgung und Bekämpfung der Terroristen und Terroristinnen notwendig wird. Vor allem aus US-amerikanischer Sicht sind dazu militärische Einheiten mit ihren Special Forces notwendig. So hat die US Army bereits in den 80er Jahren die Bedrohung durch den Terrorismus erkannt und seine Bekämpfung im Field Manual zur militärischen Herausforderung gemacht. Im Abschnitt „Unconvential Warfare and Terrorism“ (FM 100-5, 1986, 4) heißt es: „In almost all conflicts, the Army will encounter terrorists, guerrillas, and saboteurs“. Durch diese Army-Doktrin ergab sich nicht nur eine enge Zusammenarbeit mit den Polizeibehörden, sondern auch eine effiziente Bekämpfungstaktik durch die „Air Land Battle Doctrine" in Verbindung mit Kommunikation und Technologie.

Die formulierten antiterroristischen Interaktionssysteme können die Voraussetzungen dafür schaffen, militärisch und polizeilich relativ rasch und konsequent auf Terroranschläge und ihre außergewöhnlichen Varianten zu antworten. Neben einer flexiblen operativen Administration sind dazu antiterroristische Kompetenzen erforderlich, die **strategisch den aktuellen Lageentwicklungen vorauseilen**. So kann eine effiziente Bekämpfung des Terrorismus nur dann erfolgreich sein, wenn es gelingt, jetzt schon Abwehrmaßnahmen für solche Attacken bereitzustellen, die potentielle Terroristen derzeit erst in der Erprobungsphase haben. Antiterror-Maßnahmen würden dadurch über die aktuelle Lage bereits hinausgehen. Überraschungen wären demzufolge reduziert oder nicht mehr so häufig.

Die spezielle Bekämpfung des Terrorismus liegt in den Händen von dafür ausgebildeten Antiterroreinheiten. GSG 9 in Deutschland, SEALS, Delta Force, Green Berets, Rangers (zusammengefaßt als Special Operation Command) in den USA, SAS in England, das 13. Fallschirm-Dragoner Regiment und die Force Action Rapide (FAR) in Frankreich wären zu nennen. Sie werden jahrelang auf ihre Einsätze vorbereitet. Antiterroreinheiten müssen sich den Besonderheiten terroristischer Operationen stellen. Das hat professionell zu erfolgen. Die Ausbildung ist deshalb mit höchster Umsicht und Gründlichkeit vorzunehmen, weil die terroristischen Bedrohungen neuerdings von religiösen und ideologischen Fanatisierungen über subversive Tätigkeiten bis zu Anschlägen auf Einzelpersonen, Botschaften oder anderweitigen

Einrichtungen reichen. Terroristen und Terroristinnen operieren im Sinne chirurgischer Operationen (rapid actions), und zwar bevorzugt in bevölkerungsreichen Regionen. Militärische Maßnahmen dagegen sind wie bereits betont weniger erfolgsversprechend, zumal mit hohen Kollateralschäden zu rechnen wäre.

Terroristische Kommandos konfrontieren sich auch nicht mit militärischen Einheiten. Dazu fehlen ihnen die nötigen Ressourcen. Sie lassen sich nur gezwungenermaßen in militärische Kampfhandlungen verwickeln. In der Regel reagieren Terroristen und Terroristinnen bei Verfolgungsaktionen eher abwartend zurückziehend. Militärische Einheiten werden auch nicht angegriffen, sondern ihnen wird durch taktischen Rückzug ausgewichen. Sie **versickern** in der Region oder in dichtbesiedelten Gebieten und in Metropolen. Je nach Lage setzen sie sich über die Grenzen ab oder gehen zivilen Beschäftigungen nach.

Der Nachteil militärischer Operationen besteht außerdem in einer nur bedingten Geheimhaltung. Die Absichten, die hinter einzelnen Operationen stecken, sind meistens sehr aufwendig und daher frühzeitig bekannt. Sie lassen sich zu ihren taktischen Absichten zurückverfolgen. Terroristen lernen dadurch relativ rasch, sich den militärischen Maßnahmen anzupassen oder sich ihnen zu entziehen. Dies gilt in begrenztem Umfange auch für die polizeilichen Maßnahmen gegen den Terrorismus. So war es der RAF in der Bundesrepublik Deutschland möglich, aufgrund der langfristigen Verfolgungszeit durch die Polizei von Generation zu Generation eine ständig verbesserte Tarnstrategie zu entwickeln.

Antiterror-Operationen verlangen daher rasche und verdeckte Maßnahmen. Sie sollten von dafür speziell ausgebildeten Antiterroreinheiten durchgeführt werden können. Solche Operationen sind zielgenauer und engmaschiger. Ihre Einsätze sind erfolgreicher, schadensärmer und kostengünstiger. Die internationale Zusammenarbeit müßte allerdings noch stärker als bisher dahingehend intensiviert werden.

(5.) Empfehlungen für die Ausbildung:

Der Kampf gegen den Terrorismus erstreckt sich von den klassischen Waffen bis zum Information Warfare. Dies wird ergänzt durch eine weltanschaulich-kulturelle Letztüberzeugung, so daß die Bekämpfung durch die Antiterror-Einheiten ein Einsatzverhalten verlangt, **das über die bisher praktizierte Antiterror-Ausbildung hinausgeht**.

Zur Bekämpfung der Terroristen und Terroristinnen ist folgendes schwerpunktartig zu beachten:

1. Eine eindeutige Bekämpfung läßt sich nur durchführen, wenn der Begriff in seinem semantischen Umfang und in seiner realen Bezogenheit einigermaßen festgelegt ist. Wer ist nach dem 11. September 2001 Terrorist, wer ist ein Schwerstkrimineller, wer ist Partisanenkämpfer und wer Guerillakämpfer. Obwohl eine terminologische Abgrenzung bereits vorgenommen wurde, ist es von einsatzpraktischer Bedeutung, nochmals auf die Unterschiede hinzuweisen. Die Ausbildung und Einsatzvorbereitungen für die Bekämpfung multifunktionaler terroristischer Kräfte sehen anders aus als die Ausbildung und Einsatzvorbereitung für eine Bekämpfung einheimischer Bauern, Geschäftsleute, Verwaltungsangestellter, Lehrer und Professoren, die z.B. als Partisanen Widerstand leisten. Bei Antiterror - Maßnahmen sollten militärisch - polizeiliche Mischoperationen im Vordergrund stehen.
2. Die Erfolgschancen der Antiterrror - Einheiten verbessern sich, je mehr sie sich wie Terroristen verhalten können. Das zeigen die Erfahrungen der SEALS und der Special Operation Units der US Army. Dazu ist es aber notwendig, daß in der Ausbildung über das Verhalten terroristischer Gruppierungen nicht nur Wissen vorliegt, sondern auch Besonderheiten im Verhalten kopiert werden können. Der

Vietcong verhielt sich vollkommen anders als die Taliban und diese wiederum anders als die Al Quaida - Kämpfer.

3. Die Androhung militärischer Maßnahmen mit einer biologischen, chemischen oder nuklearen Zerstörung von Landstrichen, in denen sich terroristische Kommandos aufhalten und in denen ein weltanschaulicher Nährboden bzw. ein spirituelles Zentrum für die Verbreitung terroristischen Denkens angesiedelt ist, sind zwar nach wie vor denkbar, führen aber nicht zum gewünschten Erfolg, terroristische Attacken zu verhindern. Die Vernetzungen sind zu komplex und schon zu vielfältig globalisiert.
4. Die Ausbildung für den Antiterror - Kampf ist mit **herkömmlichen militärischen Zielvorstellungen nur wenig ertragreich**. Vielmehr ist die Ausbildung von Spezialeinheiten notwendig, in denen Kommandos etabliert sind, die auf unterschiedliche Aufgaben spezialisiert sind, sich durch eine ausgeprägte Versatilität, Agilität unter Risikobedingungen und operative Flexibilität auszeichnen. Sie müssen in weniger als zwei Stunden einsatzverfügbar sein und sich als „combat team" verstehen. Beispiele dafür sind die GSG 9, die SEALS und die Special Forces der US-Army. So ist es ein beachtlicher Unterschied, ob z.B. eine Botschaft zu räumen ist, Geisel zu befreien sind, ein Versteck zu zerstören ist, Personen zu suchen und festzunehmen sind oder ob eine Einsatzbreite verlangt wird, die von der MP bis zum Informationsangriff reicht. Solche Sonderfälle müssen von Antiterror-Einheiten mit ihren Kommandos je nach Lage verzuglos bewältigt werden können.
5. Unerläßlich ist es außerdem, militärische Stäbe vor terroristischen Überfällen zu schützen. Subversiv kann noch in beinahe jeden Stab, jeden Gefechtsstand u.ä. eingedrungen werden, um die dort anwesenden Stabsmitglieder zu töten. Das ist eine Schwachstelle, die verheerende Folgen haben kann. Geht doch die jüngste Terroristengeneration dazu über, neben der Zerstörung symbolträchtiger

Objekte und wichtiger Personen zeitlich etwas versetzt, wie schon erwähnt, die Führungssysteme und die Rettungskräfte zu attackieren und auszuschalten.

6. Ausbildung ist an den terroristischen Strategien auszurichten, die derzeit in den terroristischen Ausbildungscamps und im übrigen terroristischen Szenario vermittelt werden. Beispiele werden vorgestellt. Dadurch wären Einsatzkräfte eher auf außergewöhnliche Lagen vorbereitet.
7. Terroristen und Terroristinnen müssen verhaltensstrategisch verstanden werden, um ihre Maßnahmen vorauskalkulieren zu können. Führen und kampftaktisches Verhalten sind Symptome der jeweiligen Grundpositionen. Ebenso kann aus den jeweiligen Grundpositionen das Führen und das kampftaktische Verhalten hergeleitet werden.
8. Spezielle Kenntnisse über terroristische Selbstzerstörungssyndrome, ihren Aufbau und ihre Auswirkungen sollten fester Bestandteil in der Ausbildung sein.
9. Außergewöhnliche Lagen sind permanent in Planübungen für den militärischen Einsatz einzubringen und fortlaufend auszubilden und zu modulieren. Inhalte und Belastungen sollten sich vom Routinebetrieb entfernen.
10. „Background"-Bewertungen terroristischer Attacken sind regelmäßig zu üben und strategisch rasch in Gegenmaßnahmen umzusetzen. Der Mechanismus der „Background"-Erkundung in der Lage und die sofortigen Gegenmaßnahmen sind zu optimieren. Dadurch läßt sich auch das kulturspezifische Bedrohungsverhalten leichter identifizieren.
11. Ermitteln von Verhaltens-„Basics" in einer akuten terroristischen Lage und die Entwicklung von Gegenmaßnahmen dazu sollen geradezu routiniert werden.
12. Kenntnisse über verhandlungstaktische Maßnahmen bei unterschiedlichem terroristischen Sprachverhalten z.B. bei einer Geiselnahme und bei Verweigerung des Ver-

handlungsdialoges sind vorrangig anzubieten. Der Umgang mit Sprachlosigkeit ist auszubilden.

2.5 Partisanen - Bekämpfung

(1.) Die spezielle Lage

Während die Terroristen nichts mehr zu verlieren haben, setzen sich die Partisanen für ihr Land ein oder für eine spezielle Region. **Terroristen töten Menschen, Partisanen kämpfen vorrangig um ihre Region**. Das sind die feinen Unterschiede dieser beiden Gruppierungen. Daher unterscheidet sich die Partisanenbekämpfung vom Kampf gegen Terroristen und Terroristinnen grundlegend. Partisanen operieren in der Regel gegen territorial intervenierende Streitkräfte oder unliebsame politische Gruppierungen. Ihre Einsatzgebiete liegen meistens in Regionen, in denen sich Gegner befinden. Ihre Angriffsobjekte sind deren Einrichtungen, so z.B. Bahnkörper, Straßen, Basiscamps, Kasernen. Partisanen operieren vorwiegend im Gelände. Sie machen Interventionstruppen beachtlich zu schaffen, auch möglicherweise ihrer eigenen Regierung.
In den einzelnen Territorien des Balkans, in Mexiko, Südamerika, in Afghanistan etc. operierten vorwiegend Partisanen. Die Al-Qaida Gruppen sind dagegen Terroristen. Die regionale Tradition von Partisanen greift weit zurück. Sie zeigen ein sehr spezielles Einsatzverhalten in Dörfern und im Gebirge. Durch das Völkergemisch in den Balkanregionen bietet sich ein Partisanen-Spektrum an, das für Ausbilder eine Fundgrube sein müßte.
Guerillas haben mit Partisanen gewisse Gemeinsamkeiten. Sie bilden in der Regel kleine Kampfeinheiten, die sich aus der Bevölkerung rekrutieren. Ihre Gegner sind regionale Gruppen mit anderen politischen und vor allem wirtschaftli-

chen Interessen als sie z.B. in ihren Regierungskreisen vorzufinden sind. Der Vietnam-Krieg wird z.B. teilweise als Guerilla-Krieg verstanden.
Terroristen, Partisanen und Guerillas werden zusammen mit Banden und Kriminellen, Aufständischen sowie gewaltbereiten Personen als sog. **irreguläre Kräfte** bezeichnet. Sicher handelt es sich um ein Gemenge, das auch für NATO-/EU- und UN-Kontingente in den jeweiligen Einsatzgebieten ein Bedrohungspotential abgibt. Allerdings ist dieses Gemenge nach den bisherigen Aussagen zu differenzieren, um eine bedrohungsspezifische Abwehr und Verfolgung überhaupt gewährleisten zu können.
Partisanen können überall auftauchen. Partisanen sind z.B. Kellner, Verkäuferinnen und Bankangestellte, die tagsüber freundlich bedienen. Daher muß die herkömmliche Vorstellung, daß Partisanen noch in Lagern leben, revidiert werden. Partisanen haben Landstriche durch Infiltrierung unter Kontrolle.
Partisanen können überall und nirgends sein. Partisan kann jeder oder keiner sein. Das sind Grundsätze, die in partisanendurchsetzten Einsatzgebieten zu beachten sind.

(2.) Empfehlungen für die Ausbildung:

Kampfverhalten, Taktik und Logistik von Terroristen und Partisanen unterscheiden sich deutlich. Daher kann die Ausbildung zur ihrer Bekämpfung keinesfalls pauschal erfolgen. Die Ausbildungsmaßnahmen sind speziell auf die einzelnen Gruppen und Regionen auszurichten. So ist die Bekämpfung von Partisanen in Landstrichen mit geographischer Vielfalt zu üben. Gebirge, Flüsse, Seen, Bahnlinien, Straßen sowie Bauernhöfe und Ortschaften sind gleichermaßen in ihren Besonderheiten zu berücksichtigen. Keinesfalls reicht es aus, Partisanenbekämpfung in künstlichen oder alten Dörfern zu schulen und zu üben wie dies teilweise noch der Fall ist, sondern dazu sind Dörfer und Regionen mit ihren realen Lebensbedingungen und einer real existierenden Bevölkerung vorzuziehen. Partisanenüberfälle sind unter realistischen Bedingungen auch aus Bauernhöfen heraus und in Restaurants zu üben.

Partisanenüberfälle haben schon vielen Soldaten das Leben gekostet, weil sie sich derart heimtückische Überfälle nicht vorstellen konnten. Ein beliebtes Überfallobjekt ist der Konvoi, der gerade eine Ortschaft während der „rush hour" durchfährt. Ebenso als Angriffsobjekte bevorzugt sind Wald- und Gebirgsregionen, die Möglichkeiten für einen Hinterhalt bieten. In allen Fällen müssen Soldaten ihre Waffen fertigladen und entsichern. Mit gesicherter Waffe hat der einzelne Soldat bei einem Partisanenüberfall kaum noch eine Überlebenschance. Dies muß stärker beachtet werden. Ausbildungserfahrungen zeigen immer wieder, daß z.B. bei Übungen zur Partisanenbekämpfung Soldaten nicht lageangemessen reagieren, obwohl zuvor eine gründliche Lageeinweisung erfolgt war.

So wurden während einer Übung in einer Kleinstadt zwei von vier Fahrzeugen des Spähtrupps COBRA durch einen vorbeifahrenden Kradfahrer mit einem Beifahrer auf dem Soziussitz durch Handgranaten ausgeschaltet. Aus einem überholenden „Wolf" als Planwagen wurde der Spähtrupp kurz nach dem Handgranatenüberfall mit dem MG beschossen. Die Übungsauswertung ergab:

- Das Motorrad wurde übersehen. Die Waffen waren nicht schußbereit. Der Sozius des Motorradfahrers warf beim Überholen je eine Handgranate unter die beiden Fahrzeuge des Spähtrupps und entschwand. Kradfahrer, Beifahrer mit Rucksack, die Vorbereitungen zum Handgranatenwurf waren deutlich. Sie wurden aber in der Verkehrsdichte der „rush hour" übersehen.
- Der Planwagen wurde ebenfalls zwei Minuten nach dem ersten Partisanenüberfall übersehen. Auf der Höhe der Fahrzeuge ging beim Überholen die seitliche Plane nach

oben. Mit dem MG wurden die Fahrzeuge des Spähtrupps beim Vorbeifahren beschossen. Die Plane ging dann wieder nach unten. Der Planwagen fuhr davon. Er wurde nicht bekämpft.

Die Teilnehmer dieser Übung waren Unteroffiziere. Nach ihren Reaktionen befragt, meinten sie, daß sie keinesfalls mit Überfällen dieser Art in einer belebten Kleinstadt während der „rush hour" gerechnet hätten – obwohl der Partisanenüberfall vorher vorgestellt und besprochen wurde (Ungerer et al. 1996).

Solche einsatznahen Übungen sind gerade für den Partisanenkampf unerläßlich. Allerdings muß sich der örtliche Kommandeur mit den Einwohnern der Kleinstädte oder Ortschaften, in denen solche Übungen durchgeführt werden, recht gut verstehen. Die künstlichen Ortschaftsgebilde auf Truppenübungsplätzen haben keinesfalls die motivationalen Wirkungen, wie sie von den beiden Überfällen in einem realen Umfeld ausging.

Geeignete militärische Einheiten zu Bekämpfung sind Jagdkommandos, in der Partisanenbekämpfung ausgebildete Luftlandetruppen sowie je nach geographischer Lage auch Gebirgsjäger und Spezialeinheiten. Herkömmlich ausgebildete Truppen sind für die Partisanenbekämpfung ungeeignet. Jedenfalls ist eine regionalbezogene Ausbildung vor jedem Einsatz notwendig. So lange sich z.B. in Afghanistan einheimische Kräfte schneller und geschützter durch das Gelände bewegen als die im Rahmen der Operation ENDURING FREEDOM oder von ISAF eingesetzten Truppen, können diese nur als bedingt einsatzfähig für die genannte Region bezeichnet werden.

Partisanen genießen meistens die Unterstützung der Bevölkerung. Daher können sie Überraschungsangriffe vorbereiten, unerkannt zuschlagen und entkommen. Sie operieren nicht in Städten, sondern eher in Kleinstädten, Dörfern und im bewaldeten Gelände, wodurch sie auch mit militärischen Maßnahmen bekämpft werden können. Bei systematischer

Aufklärung bleiben Kolateralschäden gering. Gemeint ist damit allerdings eine Aufklärung, die in der Bevölkerung nach Partisanen sucht. Das können die einheimischen Bauern sein, ortsansässige Kaufleute und Pastoren sowie Lehrer und Professoren. Patrouillen in Fahrzeugen sind weniger sinnvoll, eher Kontakte mit der Bevölkerung z.B. in den engen Gassen, auf den Feldern, in den Bauernhöfen und beim Sitzen auf einer Steinterrasse. Partisanenrelevante Informationen kann man vorrangig an den genannten Stellen erhalten.

2.6 Kulturspezifisches Kampfverhalten

(1.) Regionales Einsatzverhalten und Überleben

Kulturspezifisches Kampfverhalten entsteht aus Religion, Weltanschauung, politischer Ideologie, Ausbildung, Erziehung und regionalen Lebensgewohnheiten. Das daraus kreierte Menschenbild bildet den Background für das äquivalente Kampfverhalten, das durch die jeweilige Ausbildung noch weiter spezifiziert wird. Dennoch prägen der Background und der Lebensraum der gegnerischen oder eigenen Kräfte das Einsatzbild und das Einsatzverhalten. So wird z.B. nicht nur auf Bedrohungen unterschiedlich reagiert, sondern auch die Wahl der Waffen, ihre Handhabung im Einsatz und der Umgang mit der eigenen Verwundung und dem Tod sind auseinanderzuhalten. Aus dieser Sicht ist z.B. das Durchfahren eines Dorfes in Ruanda oder im Libanon mit einem jeweils anderen Sicherungsverhalten durchzuführen. Der Dschungelkampf in Vietnam verlangte „tunnel rats“, das Lesen (nicht Beobachten) des Dschungels und seiner Besonderheiten, ein speziell ausgebildetes „gung-ho“ und eine Überlebensstrategie, in der die Bewältigung der klimatischen Einwirkungen noch das einfachste Segment war.

Neben dem Kampfauftrag ging es damals um das rechtzeitige Erkennen der Absichten des Vietcong. Voraussetzung dazu war aber, seine Kampfpraktiken zu kennen sowie die Verhaltens- und Lebensweise nachzuempfinden. Die Erfolgsaussichten, nämlich den Auftrag zu erfüllen und zu überleben, wuchsen, wie bereits betont, je mehr man sich selbst wie der Vietcong im Gelände fortbewegte. Damit ist angedeutet, daß die Chancen, einen Gegner zu überwältigen, steigen, je mehr sein näheres Umfeld und sein Verhalten bekannt sind. Gespräche mit Einheimischen liefern oftmals mehr Informationen als die elektronische Aufklärung.

Kulturell bedingtes Verhalten ist in den Menschen tief verwurzelt. Um eigensichernd damit umgehen zu können, ist die Erfahrung ihrer Nähe notwendig. Auf Fahrzeugen an ihnen vorbeizufahren, nutzt nur wenig. Nur Händeschütteln bringt ebenfalls nicht viel. Viel mehr Erkenntnisse bringen Beobachtungen über das Mikroverhalten der Menschen in einem bestimmten Gebiet. Manche werfen eher mit Obst und weniger mit Steinen, manche setzen eher Giftschlangen und Ratten ein, weniger Ziegen, manche legen beim Beten ihre Waffen ab, andere beten mit entsicherter Waffe. Sind in der Region Sandalen üblich, dann sollten sie getragen werden. Die Sohlenabdrücke von Militärschuhen im Sand geben Aufschluß über Nation und Einheit. Militärisch ausgebildete Personen gehen normalerweise auseinandergezogen durch das Gelände, nicht ausgebildete bilden geradezu Klumpen. Clusterbildung haben wir bei Trupps, die sich als bedroht einstufen, bei Familienangehörigen und bei hoher Gruppenkohäsion. Für Maschienengewehrschützen sind solche Verhaltenscodes willkommen.

Zivile Personen sollten in gewissen Ländern nicht unterschätzt werden. So gibt es Regionen, in denen wachsen die Männer geradezu als geborene Kämpfer auf. Sie können bereits mit Waffen umgehen und einen Hinterhalt organisieren, bevor sie erwachsen sind. Eng beieinander liegen auch Beten, Schießen und Vergewaltigen. Die relativ ruhige Atmosphäre des Betens darf nicht immer mit akuter Friedfertigkeit gleichgesetzt werden. So gibt es Ortschaften, z.B. auf dem afrikanischen Kontinent, deren Einwohner allen Fremden gegenüber feindselig gesonnen sind. Patrouillen werden sofort beschossen. Unerfahrene Truppen haben hier Verluste zu beklagen. Erfahrene Truppen dagegen nähern sich solchen Ortschaften nur mit dem Befehl, auf alles zu schießen, was sich bewegt. Sie haben selten Verluste. Andere Ortschaften, oftmals nur wenige Kilometer von den oben genannten entfernt, können dagegen Bewohner haben, die fremden Soldaten gegenüber wohl gesonnen sind. Solche Unterschiede müssen von Region zu Region bekannt sein, um unnötige Verluste zu vermeiden. Das Kampfverhalten der Bevölkerung wechselt oftmals auch von Clan zu Clan, von Stamm zu Stamm, von Bezirk zu Bezirk. Ebenso wechselreich sind die benutzten Waffen.

Der Einsatzwert nimmt zu, je mehr die Soldaten mit Region, Wohngebiet und Bevölkerung vertraut sind.

Das kulturspezifische Verhalten ist die Nahtstelle, an der sich unterschiedliche Kampftechniken und -taktiken treffen. Vor allem die verschiedenen Religionszugehörigkeiten und Ideologien spielen durch das vorherrschende Menschenbild eine ausschlaggebende Rolle. Viele Gruppierungen auf dem afrikanischen Kontinent, im vorderen und mittleren Osten sowie in Südostasien kämpfen noch befehlstaktisch. Mit dem Ausschalten des Anführers läßt sich die Restgruppe meistens leicht überwältigen. Davon sind allerdings die bereits international tätigen Terrorkommandos herauszufiltern. Je nach Ausbildungscamp kämpft hier der einzelne auf sich gestellt weiter.

Für Einsätze in Regionen, in denen ein unterschiedliches Kampfverhalten zu erwarten ist, sollten die genannten Merkmale in die Vorbereitungen für Kampfeinsätze einfließen.

(2.) Empfehlungen für die Ausbildung

Nach den Ausführungen zum kulturspezifischen Kampfverhalten lassen sich folgende Richtwerte für Einsätze von Spezialeinheiten zur Terrorbekämpfung, aber auch für Einsätze von KFOR, SFOR, ISAF etc. formulieren:

1. In der Ausbildung sind genaue Kenntnisse über das anzutreffende Menschenbild, über seine Auswirkungen auf das Leben und auf das Kampfverhalten der im Einsatzgebiet lebenden Menschen zu vermitteln.
2. Die Soldaten sind für das angetroffene Verhalten und für Mikromerkmale in diesem Verhalten zu sensibilisieren.
3. Die Tötungsschwelle ist sehr unterschiedlich und kann je nach Region sehr tief liegen. In manchen Regionen schießen selbst Kinder, und zwar unerwartet. Allerdings kann ein Waffeneinsatz meistens rechtzeitig erkannt werden. Die Fähigkeit dazu muß ausgebildet und fortlaufend in allen erdenklichen Lagen trainiert werden. Das ist zwar vor allem ein Ausbildungssegment der Polizei, für militärische Einsätze aber ebenfalls unerläßlich.
4. Je nach Land und Bevölkerung sind Waffeneinsätze und Tötungsvorgänge sehr unterschiedlich ausgeprägt. Die Ausbildung hat diesen Vorgang zu berücksichtigen, um dem Waffeneinsatz zuvorzukommen. Dazu sind aber gründliche Vorbereitungen notwendig, um nicht selbst zum „Killer" zu mutieren. Je besser ein Soldat ausgebildet ist, um so weniger, aber rechtzeitiger setzt er seine Waffe ein. Schlecht oder nicht an der Waffe ausgebildete Personen setzen Waffen unüberlegt, spontan und unberechenbar ein. Vor allem in Kulturkreisen, in denen der Umgang mit Waffen zum Alltag gehört, ist auf den **Waffendrill** der dort eingesetzten Soldaten besonderer Wert zu legen. Damit sind die Voraussetzungen geschaffen, auch bei wilden Schießereien noch die Übersicht zu behalten. Wer seine Waffe routiniert beherrscht, schont Menschenleben. Die militärischen Führer vor Ort sollten dabei Vorbild sein.

5. Im Nahkampf und beim Handgemenge werden alle erdenklichen Tötungsmechanismen mobilisiert. Der Gegner gibt z.B. nicht auf, sondern läßt sich eher umbringen. In solchen Situationen prallen unterschiedliche Kulturen aufeinander, und zwar die Tötungsschwelle der NATO-, EU oder VN-Soldaten und die regionalbedingte Tötungsschwelle der Bevölkerung des Einsatzgebietes.
6. Kulturbedingte Verhaltensformen sind verstehbar, wenn man sich eingehend mit dem Leben, der Religion und den Lebensumständen der Menschen im jeweiligen Einsatzgebiet beschäftigt. Das ist in der Ausbildung gründlich vorzubereiten. Hierbei reicht es keinesfalls aus, nur die Einwohnerzahl einer Stadt zu kennen, oder die mögliche Industrie und die infrastrukturellen Daten. Die Einstellungen zu den NATO-, EU- und VN-Soldaten sind an den genannten und ähnlichen Sachverhalten auszumachen. Kulturen und Einsatzverhalten haben eine innere Logik. Sobald ihre Prämissen deutlich werden, läßt sich vieles von der Kampftaktik bis zum Handgemenge vorauskalkulieren.

Die Ausbildung der Fähigkeit, kulturbedingtes Einsatzverhalten im Kampf berücksichtigen zu können, zählt zum schwierigsten Kapitel in der Vorbereitung militärischer Einsätze. Daher sollte sich jeder Führer damit auseinandersetzen und Erfahrungen sammeln.

2.7 Information als Mittel zur Stabilisierung und Destabilisierung von Führungsprozessen

(1.) Lage und Entwicklungen

Das herkömmliche Gefechtsfeld wurde von drei Säulen getragen, und zwar vom Heer, der Luftwaffe und der Marine.

Vor Jahren kam der Weltraum als vierter Bereich hinzu. Jüngere Entwicklungen tragen inzwischen zur fünften Dimension bei, die als **Information** zu bezeichnen ist. Sie hat sich inzwischen zu einer brisanten Waffe entwickelt, mit der Führungssysteme und ihre Informationsflüsse stabilisiert oder destabilisiert werden können. Die Destabilisierung reicht von der **gezielten Desinformation bis zur Demoralisierung der Führung**. Verstärkt wird ihre Wirkung noch durch die elektronische Kriegführung und die damit einhergehende rasante Entwicklung der Informationstechnologie. Verbunden sind damit Begriffe wie z.B. Electronic Pearl Harbor, Cyber-Terrorism, Trojanische Pferd-Operationen (Kap. 2.4). Zentrale und wirksame Kampfmittel sind weniger die elektronischen Systeme als vielmehr die Inhalte der Information, die durch sie transportiert werden. Informationsmenge pro Zeiteinheit, Informationsstruktur und Semantik, künstlich geschaffene Falschinformation, dysfunktionale Information, Phantominformation, Informationslöcher und anderweitige subversive Varianten in den Informationsströmen sowie ihre dosierte bzw. undosierte Anwendung besitzen - gezielt plaziert - **informationelle Sprengkraft**. Diese Sprengkraft ist nicht durch die Informationstechnologie bedingt, sondern durch das, was durch die Information vermittelt und wie sie verarbeitet wird. Die Zweiseitigkeit von Vorteil und Risiko der einströmenden Information kommt hier deutlich zur Geltung.

Die elektronische Führung und die dadurch anfallende Informationsmenge pro Zeiteinheit ist eher zu bewältigen als die Selektion und Auswahl von führungsentscheidender Information und deren Bewertung.

Zu fragen ist demnach, auf welche Weise eine bestimmte Information auf den Empfänger wirkt, wie er sie bewertet und in Einsatzhandlungen umsetzt. In diesem Kapitel geht es also nicht um die Entwicklung und Beschreibung der Informationstechnologie und ihrer Führungssysteme, sondern im

Mittelpunkt stehen die Verarbeitung und Bewertung der Information durch den militärischen Führer und den Stab. Demzufolge lautet die weiterreichende Frage in diesem Kapitel: Welche Wirkung hat Information als Kampfmittel?

Information ist eine Waffe (Ungerer 1991 a, b). Sie dringt in die Gehirne ein, überlastet, entwickelt Aggressionen, schläfert ein, verunsichert, führt auf falsche Wege, beeinflußt Führungsentscheidungen, baut in sich logische, aber falsche Lageinformation auf, löst Stress aus, mobilisiert Emotionen, entwickelt Burnout- und Stockholm-Syndrome sowie traumatisches Verhalten, zerstört Ideologien und religiöse Grundhaltungen, zerstört die Integrität des Individuums; sie kann aber auch als Lernmittel eingesetzt werden, baut dann dosiert neue Denk- und Verhaltensstrukturen auf, erweitert das jeweilige Denkrevier des Individuums, entwickelt Ideologien und religiöse Grundhaltungen, schafft neue Informationsverknüpfungen zur Bewältigung von Gefechtslagen, fördert Führungsqualitäten sowie Kampfkraft und erhöht die individuelle Sicherheit. **Information wirkt wie eine Injektion.** Sie kann zerstören, aber auch das Verhalten verändern und den Denkhorizont erweitern.

Die beiden Funktionsgruppierungen der Stabilisierung und Destabilisierung zeichnen sich jetzt markant ab. In beiden Fällen ist ein gezielter Einsatz von Information notwendig, um die beabsichtigten Prozesse in Gang zu bringen.

Das Spektrum der Einwirkungsverfahren hat sich in den letzten Jahren beachtlich erweitert. Dies gilt auch für die dazu notwendige Ausbildung. Grundsätzlich verläuft Information von Gehirn zu Gehirn. Die elektronischen Systeme garantieren nur den Transport der Menge und die Geschwindigkeit. Dieser Unterschied wird nicht immer deutlich genug in der Führung gesehen. Führungsqualität ist primär an die Informationsverarbeitung und -bewertung des Führers gebunden. Die psychozerebrale Funktionabilität seines Gehirns ist die Basisgröße des Führens, der Auftragserfüllung und des Überlebens im Gefecht.

Führen von vorne bekommt durch diese Sichtweise einen neuen Stellenwert. **Führen von vorne heißt Herstellen eines Informationsvorsprunges**. Dem Gegner wird dadurch die Lageentwicklung aufgezwungen. Dazu sind kompatible Funktionen zwischen elektronischem Führungssystem und der Informationsverarbeitung der Führenden notwendig. Zu unterscheiden sind folgende Gefechtsfelder, in denen Information in verschiedener Weise umgesetzt wird:

- das klassische militärische Gefechtsfeld;
- das terroristische Gefechtsfeld;
- das Partisanengefechtsfeld;
- das informationelle Gefechtsfeld.

Die Unterschiede dieser vier Gefechtsfelder sind beachtlich. Sie liegen nach den bisherigen Ausführungen im Kampfverhalten, aber auch in den verfügbaren Lageinformationen, ihrer Auswertung und den Zubringersystemen. Während eine Information über Bewegungen von militärischen Verbänden relativ leicht zu beschaffen ist, sind terroristischen Lagen durch Ungewißheiten charakterisiert; Gegner sind nicht eindeutig zu identifizieren und zu bekämpfen. Politiker sowie Führer in Militär und Polizei weisen hierbei einen auffallend hohen Verunsicherungsgrad auf. Das Partisanengefechtsfeld liegt zwischen beiden. Mit dieser Differenzierung soll verdeutlicht werden, daß zur Lokalisierung und Identifizierung des Gegners unterschiedliche Verfahren notwendig sind.

Das informationelle Gefechtsfeld ist derart umfangreich, daß nachfolgend nur einige sensible Stellen im Führungssystem herausgegriffen werden können.

- **Informationsmenge**: Die Informationsverarbeitung des Menschen ist limitiert (Kap. 3.1). Dadurch läßt sich durch ein gezieltes Überangebot an Lageinformation ein Überlastzustand herbeiführen, der zu massiven Bewertungs-

und Entscheidungsfehlern führt. Ein dysfunktionales Streßprofil bildet sich aus.

- **Divergenzinformation**: Mit der Information werden Begriffe transportiert, die dem Führungspersonal unbekannt sind. Das irritiert und führt zur Verunsicherung.
- **Subversive Information**: In den Informationsströmen der Führungskommunikation taucht Information über die Lage auf, die nicht dem realen Lagebild entspricht. Die Information ist im Satzbau und in der Wortwahl, selbst in der benutzten Sprache, geschickt eingebaut. Daher wird sie oftmals nicht bemerkt. Nur die daraus sich ergebenden falschen Befehle und Lageentwicklungen tragen dann über rekonstruktive Informationsanalysen zur Aufdeckung der subversiven Information bei. Der Sprechfunk im Vietnamkrieg liefert dazu aufschlußreiche Beispiele (Bamfort 2001).
- **Dysfunktionale Information**: Zentrale Begriffe der Lageinformation erreichen durch spezielle Satzstrukturen den Stab, die dort kaum oder nicht erkannt aufgenommen werden. Ihre internen Verknüpfungen beginnen unbemerkt in die semantischen Felder z.B. der Führungsstrategie einzudringen und sich dort zu etablieren. Solche gezielt eingesetzten **informationellen Implantate** zur Destabilisierung der Führung sind auch für die Auflösung politischer Grundhaltungen, der Lebensphilosophien des Menschen und der Einsatzmotivation verwertbar. Wenn es z.B. um die Zerstörung der individuellen Lebensphilosophie oder um die kognitiv-emotionale Vernichtung der individuellen Auffassung geht, müssen die Begriffe mit ihren semantischen Feldern so gewählt werden, daß sie die **psychischen Eigensicherungen** durchbrechen, die der Mensch für den eigenen Meinungswall zur Verfügung hat. Die Setzung der dysfunktionalen Begriffe hat dann so zu erfolgen, daß das weltanschauliche Immunsystem durchbrochen wird. Die semantischen Felder greifen die letzte Bastion der eigenen Meinung und Auffassung an. In

der Politik ist dies z.B. die Ideologie, in der Religion die innere Glaubensüberzeugung. Der Vorgang wird **informationelle AIDS - Strategie** (Ungerer 1991) genannt. Sie zerstört Menschen und im speziellen Führungskräfte und Führungsgruppen. Rechtzeitig erkannt, läßt sie sich auch treffsicher abwehren.

Die aufgeführten Beispiele reichen aus, um auf die sensiblen Stellen des Informationsumsatzes in Führungssystemen hinzuweisen.

(2.) Empfehlungen für die Ausbildung:

Die hier angesprochenen Führungsschwachstellen sind sehr komplex und sensibel zugleich. Eine Intensivierung präventiver Verfahren zur rechtzeitigen Lokalisierung der genannten Schwachstellen wäre sinnvoll. Dazu sind Planübungen notwendig, die mit Informationsflüssen zu versehen sind, in denen die erwähnten Fälle etabliert sind. Folgende skizzenhafte Anmerkungen sind dazu notwendig:

1. Je präziser die Lageinformation formuliert ist, um so schwieriger läßt sie sich umformulieren.
2. Satzaufbau und Wortwahl müssen allen, die miteinander kommunizieren, geläufig sein.
3. Stilistische Eigenheiten der Informationsquellen müßten bekannt sein.
4. Satzlängen und Pausen zwischen den einzelnen gesprochenen Wörtern und Sätzen sind individuell verschieden. Sie hängen auch vom mentalen Zustand ab. Die Besonderheiten dazu sind auszubilden.
5. Subversive Informationsquellen haben ihre kulturspezifischen Sprachmodule. Sie müssen identifiziert werden.
6. Aidsstrategische Maßnahmen gegen ein Führungssystem lassen sich authentifizieren, abwehren und bekämpfen. Dazu sind aber spezielle Diagnosen und Abwehrverfahren auszubilden.

Die Wirksamkeit der informationellen Störfaktoren hängt in entscheidendem Maße von der „vulnerability landscape" ab. Eine Führerausbildung, die nicht nur um die Handhabung der Informationssysteme kreist, sondern auch die Basisfunktionen der Informationsverarbeitung des militärischen Führers fördert, läßt sich mit Abwehr und Gegenaktion versehen. Daher muß weniger in die Elektronik investiert werden, als vielmehr in den Mann. Das wird sich in den kommenden Jahren noch mehr als bisher verdeutlichen.

Information warfare, info warrior und anderweitige Begriffe zeichnen die elektronische Kriegführung aus. Ihre Komplexität ist jedoch weniger sicherer als ihre Einfachheit. So ist es bei einer entsprechenden Ausbildung nicht unbedingt der militärische Führer, der immer noch als das schwächste Glied deklariert wird. Je rascher er Information als falsch oder richtig erkennt, um so schneller kann er die Lage unter seine Kontrolle bringen. Seine Schwierigkeiten hat er aber immer noch mit der klassischen Feinrasterung des Erkennens, Lokalisierens, Identifizierens und Bewertens. Seine übergreifende Führungsleistung ist das **Authentifizieren** der genannten Informationsgrößen. Wer sagt einem Entscheidungsträger, ob das, was er erkennt, das ist, was er für seine Operation benötigt; ob das Objekt, das er lokalisiert, wirklich dort ist, wo er meint, es lokalisiert zu haben; ob er einen Text als echt identifiziert, obwohl er semantisch modifiziert ist; ob er das bewertet, was er hier und jetzt vor sich sieht und hört oder ob er nicht einer manipulativ vorbereiteten Umbewertung zum Opfer fällt. Die Mechanismen zur Modulierung der Authentifikation von der begrenzten bis zur vollständigen Nicht-Authentifikation der vorliegenden Dokumente, Befehle, Aufträge und eintreffenden Information erreicht mit der zunehmenden Komplexität der Informationstechnologie einen nahrhaften Boden, seien dies semantische Transformationen oder terminologisch modifizierte Projektionen von Begriffsinhalten und Lagebeschreibungen zur Konstruktion eines beliebig veränderten Lagebildes. Die Überprüfung der Authentifikation der erhaltenen Information gelingt mit den Anforderungen einer hohen Sicherheitsstufe nur über die Informationsquelle selbst. Allerdings gibt es Quellen und im speziellen Autoren, die nach mehreren Modulationsschleifen ihrer Texte selbst nicht mehr in der Lage sind, ihren Urtext vom gefälschten auseinander zu halten. Durch die ansteigende Informationsflut wissen sie nicht mehr, was sie Tage zuvor formuliert haben.

2.8 Multifunktionaler Einsatzanspruch

(1.) Anspruchsniveau der NATO-, EU- und VN-Einsätze

Zu unterscheiden sind Ausbildungs- und Erziehungsziele für Kommandokräfte, Kampftruppen und Truppen, die zur Friedenserhaltung eingesetzt werden. Darauf wurde schon an mehreren Stellen in den bisherigen Ausführungen hingewiesen. Die augenblickliche Situation veranlaßt allerdings, das Spannungsfeld der Aufgabenfelder weiter zu vertiefen. So ist z.B. deutlich zwischen **Kampf- und Schutzzielen** zu differenzieren. Eine klare Auftragssprache ist in diesem Zusammenhang angebracht.
Wer nicht weiß, was er zu bekämpfen hat, der weiß auch nicht, was er zu schützen hat.

Von wesentlicher Tragweite für die Soldaten sind die Vorkommnisse vor Ort. In diesem Kapitel stehen daher nicht so sehr Kampfeinsätze im Vordergrund, sondern Maßnahmen zur Friedenssicherung und zum Schutz der Bevölkerung. Sie sind meistens nicht spektakulär. Das Einsatzgemenge der Friedenssicherung in Verbindung mit Kampfeinsätzen stellt eine nicht einfach zu führende Lage dar.

Militärische Kampfeinheiten haben größtenteils definierte Aufgaben mit hohem Risiko. Die Soldaten in friedenserhaltenden Einsätzen erwartet dagegen eine beachtliche Einsatzbreite. Sie reicht von der Lösung bewaffneter Auseinandersetzungen, über reserviertes und gestuft eskalierendes Konfliktschlichten bis zu den sozialen Aufgaben des Schützens oder Bewachens von Personen und des Bauens von Brücken und Schulen. Der Unterschied zwischen einem Kampfeinsatz (z.B. Desert Storm) und humanitären Aufgaben (z.B. Versorgung von Flüchtlingen) kommt in den folgenden Formulierungen besonders deutlich zum Ausdruck:
„Wir Sanitäter hatten das Entsetzen und die Entbehrungen eines Krieges von Soldaten gegen Soldaten auf uns genommen. Wir hatten uns emotional mit dem alten Sprichwort 'Im Krieg und in der Liebe ist alles erlaubt' abgefunden. Doch wir waren psychisch nicht darauf vorbereitet, nicht nur Tausende ehemaliger irakischer Soldaten in Empfang zu nehmen, zu evakuieren und zu behandeln, sondern zusätzlich noch Tausende brutal behandelter und terrorisierter unschuldiger Zivilisten. In unseren Herzen und untereinander wüteten wir gegen Saddam Hussein und die Schlachter seiner Republikanischen Garden, die fälschlicherweise die Operation Desert Storm überlebt hatten. Schockiert und ungläubig waren wir Zeugen dafür, wie die Mörder systematisch versuchten, eine gesamte religiöse Minderheit durch Vökermord zu vernichten. (...) Wir taten, was wir konnten, um zu helfen; doch was wir eigentlich tun wollten, wir Soldaten von Infanterie, Artillerie, Logistik, Funkverkehr und Sanitätsdienst, wäre ein weiterer Angriff im Irak gewesen, um das Böse ein für allemal zu vernichten! Die Tatsache, daß uns die Hände gebunden waren und solch eine Aktion verhindert wurde, verstärkt nur noch unseren Stress und das Gefühl, daß diese Situation falsch war. (...) Wie durch die Bilder des Schlachtfeldes der Operation Desert Storm, die sich in meine Seele eingeprägt haben, lege ich auch Zeugnis ab von dem Streß und der Verzweiflung, die amerikanische Soldaten durchlit-

ten bei dem Versuch, die Folgen des Bösen zu bekämpfen und zu lindern, das Saddam Hussein und seine mordenden Fanatiker an unschuldigen schiitischen Männern, Frauen und Kindern begangen hatten“ (Cargo 1997, 33/34).
Der Soldat, der im NATO-, EU- und speziell im VN-Auftrag handelt, kann in Lagen versetzt werden, in denen er **Kämpfer, Helfer und Konfliktentschärfer** zugleich sein muß. Er muß möglicherweise Töten und Befrieden zugleich. Er muß Tote bergen und ihre Mörder verfolgen. Ein solches Spannungsfeld ist mit schwierigen und komplexen Relationen versehen. An manchen Stellen verwischen die Einsatzaufgaben zwischen den militärischen, polizeilichen und humanitären Anforderungen. Vor Ort ergeben sich oftmals folgende Schwachstellen (eine Auswahl):

- Waffeneinsätze sind manchmal mit polizeilichen Lagen vergleichbar. Hier ist die Eigensicherung in den letzten Jahren verstärkt in den Vordergrund der Ausbildung gerückt. Die Schießschwelle ist darin ein zentraler Ausbildungs- und Trainingsfaktor. Militärische Kräfte sind für solche Fälle gründlicher als bisher auszubilden. Zur Kontrolle der eigenen Waffe und Schießschwelle sind rd. 10.000 Schuß notwendig. Das wird bisher nur von Spezialeinheiten der Polizei erreicht, nicht jedoch von Soldaten, die in den aktuellen militärischen Operationen z.B. auf dem Balkan eingesetzt werden.
- Patrouillen verlangen einen hohen Sicherheitslevel. Daher ist die Observierungsfähigkeit nachzujustieren. Verdächtige Fahrzeuge und Personen müssen rechtzeitig erkannt werden. Der erste Schuß sollte nicht von der Gegenseite kommen. Die Techniken der Polizeiobservierung sollten z.B. auch bei der Ausbildung von Soldaten in friedenserhaltenden Einsätzen stärker beachtet werden.
- Der Straßen- und Häuserkampf ist zwar Kampftruppen vorbehalten; er kann aber auch für Soldaten in friedenserhaltenden Einsätzen schnell zur Realität werden.

- Soldaten nutzen vorhandene Deckungsmöglichkeiten, z.B. bei einem plötzlichen Angriff mit Granatwerfern, nicht angemessen, wenn - wie jüngste Vorkommnisse auf dem Balkan und in Afghanistan zeigten - sie alle auf einen naheliegenden Container zustürzen statt sich im Gelände zu verteilen .
- Die Sensibilisierung für plötzlich auftauchende Gefahren bei Massenansammlungen von Menschen ist nicht immer lageangemessen. Gefahren bereiten sich in der Masse nach speziellen Merkmalen vor und aus. Sie müssen frühzeitig lokalisiert und gezielt bekämpft werden. Dazu seien einige Beispiele genannt, die bereits im Zuge der Vorbereitungen für die Somalia-Einsätze zur Diskussion standen: Handgranaten und Molotowcocktails in das Fahrzeug werfen, Blumen mit Sprengsatz überreichen, Blockierung der Weiterfahrt mit lebenden Hindernissen (z.B. Alten, Kranken, Kindern etc.), Handgemenge auf Fahrzeugen, Fahrer mit Waffe bedrohen, und zwar von mehreren Stellen gleichzeitig, Fahrer kidnappen, Giftschlangen ins Fahrzeug werfen. Das sind nur wenige Beispiele, die sich in den Einsatzregionen ereignen können. Bei speziellen Vorhaben des Gegners wird bevorzugt auf der sozialen Ebene kommuniziert, sogar soziale Hilfsbedürftigkeit wird vorgespielt. In friedenserhaltenden Missionen eingesetzte Soldaten reagieren darauf häufig besonders wohlwollend.
- Partisanen- und Terroristenbekämpfung gehört zu den schwierigsten Führungsaufgaben. Risikoreduzierende partisanen- und terroristenbezogene Führungs- und Einsatzausbildung müßten vorrangig sein, wenn es um die Vorbereitung von Einsatzkontingenten geht.
- Die Ausbildung ist dahingehend zu forcieren, daß Fehleinschätzungen von Personen (z.B. von freundlichen Kellnern und Passanten) vermieden werden. Selbsttötungattentäter können besonders freundlich und verbindlich sein.

Diese skizzierten Gefahren im Einsatzverhalten fallen oftmals auf einen psychischen Nährboden, der in den Streitkräften verletzbare Stellen aufbrechen läßt. Zu denken ist z.B. an Heimweh, Probleme mit den hygienischen Umständen, Langeweile, Belastungen durch nicht einsichtige Verwaltungsakte, demotivierende Führungsvorgänge und anderweitige psychosoziale Belange. Sie sind in vielen Streitkräftekontingenten im militärischen Einsatz vorzufinden. In Meetings wird darüber immer wieder gesprochen, ohne daß sich Korrekturen anbahnen. Schwerpunktsetzungen sollten daher umgehend in der Ausbildung solcher Kenntnisse und Fähigkeiten liegen, die für den einzelnen Soldaten einen auftrags- und lebenssichernden Nutzwert vor Ort haben. Außerdem ist der Sinn des Auftrages sprachlich so zu konkretisieren, daß ein Kontext mit der inneren Einstellung zustande kommt.

(2.) Empfehlungen für die Ausbildung

Die hier genannten multifunktionalen militärischen Aufgaben stellen die Vorbereitungen für solche Einsätze vor kaum lösbare Schwierigkeiten, zumal nur Soldaten in den Einsatz geschickt werden sollten, die ihr Einsatzhandwerk optimal beherrschen. Aber ein solcher Einsatzanspruch würde die Vorbereitungszeiträume für Einsatzkontingente beträchtlich erweitern. Die Frage ist daher zu stellen, inwieweit es Möglichkeiten gibt, aus dem Dilemma zwischen halbwegs beherrschten Einsatzaufgaben, demotivierenden Lebenslagen und multifunktionalem Einsatzfeld herauszukommen.
Die Antworten auf diese Frage liegen im folgendem:

1. Verlängerung der Ausbildung bis zur einwandfreien Beherrschung des Einsatzhandwerkes.
2. Verbesserung der Einstellung und Motivation der Truppe durch klare sprachliche Zielvorgaben und Ausbildungsverfahren, die nicht nur die Einsatzstrategien und Verhal-

tensmuster entwickeln, sondern auch gleichzeitig den Sinn des Tuns.
3. Formulierung und Konkretisierung der Ausbildungs- und Einsatzphilosophie.
4. Unterstützung der Truppe durch die politischen Entscheidungsträger, in dem diese ein hohes motivationales Einsatzklima schaffen und die besten Geräte und Waffensysteme bereitstellen.

Die Ausbildung muß hier über ein breites Einsatzspektrum nachjustiert werden, um die Prädispositionen für den Einsatzstreß und die damit verbundenen Einsatzrisiken zu mindern.

2.9 Konsequenzen

Die Kapitel 2.1 bis 2.8 schließen jeweils mit Empfehlungen für die Ausbildung ab. Diese Empfehlungen sind zukunftsorientiert ausgerichtet. Sie verstehen sich in weiten Teilen aus Lagen, die akut gegeben sind, die kurz bevorstehen oder in den kommenden Jahren zu erwarten sind. Vollständigkeit läßt sich nicht herstellen. Ausschlaggebend ist aber das Selektieren von **Schlüsselzielen für die militärische Aus- und Fortbildung**. Sie lassen sich folgendermaßen zusammenfassen:

1. Intensivierung der Bewertung extremer und außergewöhnlicher Lagen, die mit derzeitigen Maßstäben kaum verstehbar sind und die als Herausforderung vermittelt und begriffen werden müssen.
2. Entwickeln von Fähigkeiten zum kontrollierten Umgang mit den eigenen Leistungsgrenzen.
3. Förderung der Sensibilisierung für eine Eigensicherung, mit der es gelingt, den Auftrag zu erfüllen und zu überleben.

4. Aufspüren nur halbwegs gelernter Aufgaben im Verhaltensrepertoire des Führers und der Mannschaft. Diese sind lebensgefährlich. Daher ist die Aus- und Fortbildung für bevorstehende Einsätze nicht nur zu vertiefen, sondern auch nach den Extremavarianten zu intensivieren.
5. Ausbilden für extreme klimatische Regionen, also für Eis und Kälte als auch Wüste und Urwald. Auf kurzfristige klimatische Umstellungen kann sich die Führung nicht verlassen. Ebenso ist die Kleidung ständig regionalorientiert zu überprüfen. Die Hitze z.B. in Kambodscha verlangt andere Kleidung als die Hitze in Kabul. Klettverschlüsse sind zwar praktisch, aber im Dschungel durch ihre Geräuschentwicklung lebensgefährlich, in Sandregionen nicht mehr haltefähig. Dies ist vor dem Einsatz zu überlegen. Erfahrung ist empfehlenswert.
6. Für Führung und anderweitige Entscheidungsträger in der Administration sollte Systemdenken unerläßlich werden. So geht es nicht nur darum, ein neues Waffensytem einzuführen, sondern es geht in entscheidenden Maße um die Handhabung dieses Sytems. So wird z.B. ein Panzer erst dann optimale Feuerkraft entfalten können, wenn auch die Zusammenarbeit im Panzer stressresistent abläuft.
7. Vor allem bei Kampfeinsätzen, die regional begleitet sind von friedenserhaltenden Einsätzen, ist auf eine solide Zusammenarbeit zu achten. Dies gilt noch mehr für Kampfeinsätze. Der Informationsaustausch steht hier oftmals auf instabilen Beinen.
8. Auftragserfüllung mit geringen Verlusten gilt für alle Einsätze. Dazu ist eine hochentwickelte Einsatzkraft und ein ebenso hochentwickelter Einsatzwert notwendig. Beide sind Produkte der Ausbildung. Verantwortlich für diese Ausbildung sind die Führer und die jeweiligen Entscheidungsträger und Planer der Ausbildungsziele und -verfahren.

9. Obwohl von einer vielseitigen Verwendung gesprochen wird, ist dies nicht ohne weiteres sinnvoll. Die Unterscheidung in Kampftruppen und friedenserhaltende Truppen ist nicht nur zweckmäßig, sondern belegt auch die unterschiedlichen Einsatzfähigkeiten. Zu erinnern ist hier auch an Spezialkräfte und Kampftruppen. Selbst Polizei- und Feuerwehrkräfte haben sich von der Multifunktionalität inzwischen losgesagt. Ist doch davon auszugehen, daß in allen Einsatzverwendungen besondere Belastungen zu bewältigen sind.
10. Die militärische Ausbildung hat sich nach den jüngsten und zukünftigen Bedrohungszenarien auszurichten. Ausbildungsverursachte Einsatzfehler sind als **Ausbildungsfahrlässigkeit** zu verstehen, wenn sich herausstellen sollte, daß die benutzten Ziele und Verfahren nicht lageadäquat eingesetzt oder nicht korrekt umgesetzt wurden. Zu differenzieren ist an dieser Stelle zwischen Ausbildungssystemen und den für die optimale Ausbildung unerläßlichen finanziellen und materiellen Ressourcen. **Die Ausbildungsfahrlässigkeit erreicht hier die Entscheidungsträger der Administration und Politik.**

Schwachstellen bei Führern und Geführten sind in bedrohlichen Lagen auszumachen und durch Sofortmaßnahmen umgehend zu beseitigen (Abb. 2). Dazu sind Einsatzstudien zu fertigen und Mängelberichte heranzuziehen. Die Konsequenzen daraus gewährleisten eine Verbesserung der **einsatznahen Ausbildung,** einen griffigen Umgang mit Einsatz- bzw. Kampfstreß und den **Abbau eines derealen Einsatzverhaltens**.

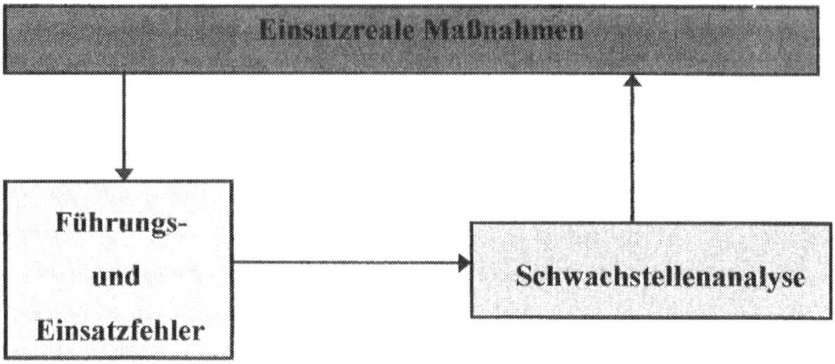

Abb. 2: Führungs- und Einsatzfehler sind über eine einsatznahe Schwachstellenanalyse zu lokalisieren und durch einsatzreale Maßnahmen zu beseitigen.

Auf dem Hintergrund der erwähnten internationalen Lageentwicklungen sind einsatznahe Studien zu forcieren, um auftragsgerechte Ausbildung sicherzustellen. Dynamisierende Lagen und zunehmende Turbulenzen im Einsatzstreß machen dies erforderlich. Verluste und Spätschäden können durch **einsatzsteigernde Präventivmaßnahmen** reduziert werden. Darunter ist vor allem die Ausbildung eines **stress- und traumaresistenten Einsatzverhalten zu verstehen.** Einzelheiten dazu werden in den Kapiteln 3., 4. und 6. besprochen.
Ein weiterführendes einsatznahes und kampfkraftsteigerndes Ausbildungskonzept wird für moderne Streitkräfte zukünftig unumgänglich sein. Richtwert einer solchen Ausbildung ist ein differenziertes und realistisches Anspruchsprofil, das sich an den derzeitigen und kommenden bewaffneten Auseinandersetzungen zu orientieren hat. **Ein hoher Ausbildungstand schont Menschenleben auf beiden Seiten.**

3. Führungsverhalten und Führungsbelastungen

3.1 Einsatzstress und seine Ursachen

(1.) Vorbemerkungen

Die besprochenen Bedrohungsszenarien im 2. Kapitel sowie die Ausbildungsempfehlungen lassen erkennen, daß hohe psychophysische und kognitive Leistungsbereitschaft der militärischen Führer wesentliche Voraussetzung ist, auch solchen Anforderungen gerecht zu werden, die über Routineeinsätze und -aufgaben hinausgehen. Führen ist verbunden mit einer ausgebildeten und erprobten Belastungsfähigkeit. Die Schlüssel zur Leistungsbereitschaft und zu den Einsatzbelastungen sind Stressprofile, die unterschiedlich ausgeprägt sein können. Von deren funktionellem Zustand hängt der Einsatzerfolg ab. Daher ist die militärische Stressforschung in den letzten Jahrzehnten zu einem zentralen Anliegen der Streitkräfte geworden. Gelingt es doch unter Extrembelastungen und unter den Bedingungen außergewöhnlicher Lagen eine Fundgrube zu nutzen, die umfassende Daten und Aussagen über Stressentstehung und Stressauswirkungen abwirft.
Inzwischen ist die Stressforschung zu einem umfangreichen Theorie- und Datenressort angewachsen, das vor allem von den amerikanischen Streitkräften seit den 80er Jahren weiter ausgebaut und genutzt wird.
Militärische Aufgaben verlangen vorrangig spezielle Bestimmungen der Stressprofile und Klärungen der Stressgenerierungen, um Führungs-, Gefechts- und Einsatzfehler zu lokalisieren und sie gleichzeitig zu reduzieren. So entstanden richtungsweisende Impulsgeber für die Stressforschung, deren Ergebnisse zu einer ausbildungsorientierten Umset-

zung und zur Optimierung militärischer Aufgaben beitrugen (FM 26-2, 1983; FM 22-9, 1983; Benge et al. 1985; FM 100-5, 1986; Smith 1989; 1990; Dep. of the Army 1991 a, b).
Das vorliegende Ergebnis- und Theorienareal hat sich im Laufe der Zeit durch Folgeuntersuchungen und neue Ansätze weiter entwickelt. Vor allem ergaben sich in der militärisch ausgerichteten Stressforschung in den Vereinigten Staaten weiterführende Ausbildungs- und Einsatzkonzepte. Zu nennen sind die Forschungsziele z.B. im Walter Reed Army Institute of Research. Sie liegen in der Förderung der Stressresistenz, der Förderung der kognitiven Leistungsbereitschaft für Entscheidungsfindungen, der Erhaltung der Leistungsfähigkeit und der Förderung der Wahrnehmungsfunktionen. Richtwerte sind die Erhaltung der physichen und psychischen Gesundheit der Soldaten sowie Ausbildungsmaßnahmen zur Erhaltung oder Wiederherstellung der Einsatzfähigkeit und **Stressresistenz.**
Die Stressforschung innerhalb Deutschlands hielt sich lange Zeit in Grenzen. Profitiert wurde vor allem von amerikanischen Forschungsergebnissen. In der Bundeswehr wurde Stress als Einsatzstress allerdings bereits Anfang der 80er Jahre von der höchsten Führungsebene, dem Militärischen Führungsrat (MFR), als wesentlicher Stellenwert für den Einsatz sowie für die Aus- und Fortbildung erkannt (ZInFü 1985, 1990, AIF 1993; Ungerer 1985; Weismor et al. 1991). Im Vordergrund standen vor allem die Aus- und Fortbildung für ein stressresistentes Einsatzverhalten sowie Menschenführung unter Belastung.
Schwerpunkt der genannten Konzeption war damals schon, den Krieg durch eine konsequente Kampfausbildung zu verhindern, die Belastungen eines Krieges bzw. Gefechtes festzustellen und Konsequenzen für die militärische Ausbildung zu formulieren sowie Ausbildungshilfen bereitzustellen. Erste Ergebnisse der Arbeitsgruppe konnten 1987 vorgestellt werden (ZInFü 1987).

In den darauffolgenden Jahren erhielt dieser Auftrag immer wieder unterschiedliche Überschriften. Das terminologische Spektrum reichte von kriegsnaher Ausbildung (ZInFü 1985), über gefechtsnahe Ausbildung (ZInFü 1987), einsatznahe Ausbildung bis zu Führen unter Belastung. Das war die letzte Fassung Ende der 80er Jahre. Die Ergebnisse dieser Entwicklung sind seit Anfang der 90er Jahre als Arbeitsmaterialien „Menschenführung unter Belastung“ (AIF 1993) verfügbar. Die militärische Stressforschung konnte mit ihren relevanten Ergebnissen in diese Arbeiten einfließen. Da der Autor an der Erstellung dieser Arbeiten von Anfang an beteiligt war sowie dazu weiterführende Studien erstellte, wird an geeigneten Stellen jeweils darauf zurückgegriffen.

Das Themenfeld gewann in den 90er Jahren bis in die Gegenwart durch die Einsätze der Bundeswehr im VN- und NATO-Rahmen zunehmende Bedeutung. Aufgefrischt wurde der Themenkomplex über Einsatzstress und Stressbewältigung 1989 durch das Grundlagenprogramm Innere Führung. Dieser Auftrag initiierte ebenfalls mehrere Studien, die an enstsprechenden Stellen in den weiteren Ausführungen zu finden sind. Zielthemen waren u.a. das Anforderungsprofil der Bundeswehr und ihre Einsatzbereitschaft für die laufenden und zukünftigen Auslandseinsätze lageorientiert zu formulieren und in der Truppe umzusetzen.

Die folgenden Ausführungen basieren auf dem aufgeführten Fundament der militärischen Stressforschung und ihrer einschlägigen Ergebnisse. Bis in die Gegenwart haben sich die Stressforschung, ihre Ergebnisse und ihre Methoden sowie die damit verbundenen Führungs- und Krisenmanagementanalysen rege weiterentwickelt. Ihre einzelnen Ansätze liegen größtenteils in zukunftsweisenden Strömungen der militärischen Stressforschung, so daß die folgenden Kapitel kontinuierlich darauf aufgebaut werden können.

Modifiziert hat sich die Forschung vor allem durch mehrere Frageschwerpunkte, die nachstehend für den deutschen Sprachbereich kurz gekennzeichnet seien. Die Literaturan-

gaben stellen nur eine Auswahl dar, um charakteristische Trends aufzuzeigen.
Neben den Führungs- und Einsatzbelastungen, wie sie in diesem Buch behandelt werden, sind die Analysen der traumatisierenden Effekte während und nach den Einsätzen zu nennen (Kap. 6). Hinzu kommen Fragen nach dem Krisenmanagement, den Fehlergenerierungen im Führungsbereich sowie Fragen nach den direkten Bedrohungseinwirkungen (Ungerer/Morgenroth 2001). Einsatzbewältigungen vor Ort stehen ebenfalls in der Fokussierung der Stressforschung. Das gilt auch für Einsatz- und Verfolgungsfahrten der Polizei (Jain/Stephan 2000), für Schusswaffeneinsätze (Lorei 2001, Ungerer, J. 1999, Ungerer 2001) sowie für Feuerwehreinsätze und Rettungsdienste (Ungerer et al. 1993, Ungerer 1999). Besondere Entwicklungen zeigen sich auch in der Psychoneuroimmunologie (Schedlowski 1994) und in der psychobiologischen Stressforschung (Kirschbaun 1991) an.
Die Meßverfahren haben sich in den letzten Jahren ebenfalls verfeinert. In den genannten Arbeiten finden sich vorwiegend - neben den klassischen Parametern Herzrate und Blutdruck - Messungen der elektrodermalen Reaktionen, der Hauttemperatur, des Cortisols, der elektrischen Hirnpotentiale und des Muskeltonus. Die Datengewinnung hat sich durch elektronische Meßsysteme beachtlich verbessert, so daß auch Belastungsmessungen während des Einsatzes ("in action") möglich sind (Ungerer 2000).
Die deutsche Einsatzforschung ist wie zu sehen ist im Vergleich zur amerikanischen mit nur wenig personalen Aktivitäten versehen. Die Traumaforschung wurde nach ihrem Aufkeimen Anfang der 90er Jahre dagegen ein bevorzugtes Betätigungsfeld. Allerdings geht es bei ihr mehr um die nach Einsätzen diagnostizierten psychischen Schäden, wogegen die Einsatzforschung danach fragt, auf welche Weise sich Einsatzschäden verhindern lassen. Zielfragen solcher Forschungsaktivitäten sind die Verbesserungen der Einsatzvor-

sorge, also die Entwicklung einer **Stress- und Traumaresistenz**.
Die folgenden Ausführungen sind auf Führungs- und Einsatzbelastungen ausgerichtet, die nicht nur durch die erwähnten Bedrohungsszenarien (Kap. 2.1 - 2.8) stimuliert werden, sondern die sich auch in den derzeit laufenden und zukünftigen NATO-, EU- und VN - Einsätzen zur Friedenserhaltung vermehrt anzeigen. Sie stehen in einem Kontinuum, das durch besondere Bedrohungslagen und durch die Lagen des militärischen Einsatzalltages markiert ist. In den Mittelpunkt rücken jetzt Führungsbelastungen und -schwierigkeiten, die sich weltweit in den Streitkräften durch die bereits besprochenen Lageentwicklungen und Bedrohungsszenarien verstärkt ergeben.
Im Mittelpunkt steht Führungshandeln, das besonders belastend ist. Hierbei geht es um Einbrüche bei Führungspersonal, deren Ursachen erkannt und durch eine gezielt angesetzte **Führerausbildung** bereinigt werden können. Stress mit seiner Wirkungsweise und seiner Entstehung wird dabei im Mittelpunkt stehen.
Keinesfalls kann hier das gesamte Aufgabenspektrum militärischer Führer abgesteckt werden. Vielmehr stehen Prozesse des Informationsumsatzes in Stäben, des Führens von Kommandounternehmen und der Informationsverarbeitung unter extremen und außergewöhnlichen Lagen im Vordergrund. Viele Aussagen in den nachfolgenden Kapiteln lassen sich auch auf andere Führungsvorgänge übertragen. Dadurch ist es für militärische Führer auch leichter, sich möglicherweise selbst im geschilderten Geschehen am jeweiligen Ort wiederzufinden.
Außerdem gelingt Führen ohne die zu Führenden nicht. Demgemäß ist Stressentstehung nicht nur aus der Sicht der Führer zu betrachten, sondern auch aus der Sicht des einzelnen unterstellten Soldaten im Einsatz.

(2.) Führungsstress und seine Entstehungsbedingungen

Unterschieden wird zwischen Eu- und Distress. Während der Eustress leistungssteigernd wirkt und von angenehmen Gefühlszuständen begleitet ist, handelt es sich beim **Distress** um jenen unangenehmen Stress, der die Leistung reduziert und vorwiegend in lebensbedrohlichen Situationen auftritt sowie demoralisierend wirken kann. Im Mittelpunkt steht daher der **Distress**, der auch **dysfunktionaler Stress** genannt wird.

Führungs- und Einsatzkräfte jeglicher Verpflichtung sprechen nur dann von Stress, wenn sie seine leistungsmindernde Wirkung spüren. Sie meinen daher immer den Distress. Daher wird von Fall zu Fall dieser einfachen Semantik gefolgt und von Stress gesprochen. Nur in Fällen der terminologisch notwendigen Präzisierung wird auf die Differenzierung der beiden genannten Termini zurückgegriffen.

Die Stressforschung machte in den beiden letzten Jahrzehnten große Fortschritte. Hierbei kristallisierten sich im Verlauf der Ursachenanalysen und der Bestimmung der Stressgenerierungen einige Variablen heraus, die zuerst näher betrachtet werden sollen, um Wirkungszusammenhänge bei der stressbegleitenden Führung leichter ausmachen zu können. Der Schlüsselvorgang ist die **Informationsverarbeitung der Führer** und der **Informationsumsatz** während der Führungsprozesse z.B. im Stab, aber auch in den Gefechtsständen.

Informationsaufnahme, -verarbeitung und -abgabe werden von psychozerebralen Grundgrößen bestimmt, und zwar von der aus der Umwelt in den Arbeitsspeicher des menschlichen Gehirns einströmenden visuellen, auditiven und taktilen Information, von der aus dem Gedächtnis in den Arbeitsspeicher zufließenden Information und vom Zeitbereich, innerhalb dessen die im Arbeitsspeicher angekommene Information behalten und bearbeitet wird. Das ist in Abbildung 3 dargestellt. Angegeben ist dort die Anzahl der Informationseinheiten, die pro Sekunde im Arbeitsspeicher ankommen. Die Zahlen beziehen sich auf einen ausgeruhten Menschen. Die Gesamtheit der Informationsströme wird auch **Informationsumsatz (IUS)** genannt.

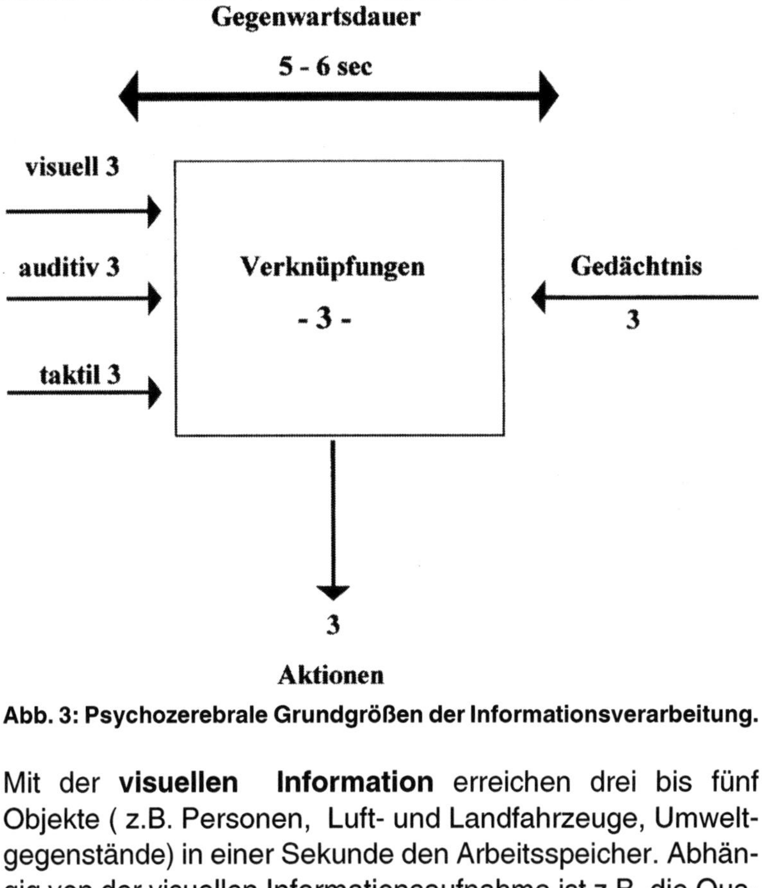

Abb. 3: Psychozerebrale Grundgrößen der Informationsverarbeitung.

Mit der **visuellen Information** erreichen drei bis fünf Objekte (z.B. Personen, Luft- und Landfahrzeuge, Umweltgegenstände) in einer Sekunde den Arbeitsspeicher. Abhängig von der visuellen Informationsaufnahme ist z.B. die Qualität der Geländebeobachtung, der Erkundung, des raschen Lesens von Karten und des Scannens von Bildschirmdaten.

Der Umgang mit der visuellen Information unter hohen Belastungen ist für eine rasche Lagebewertung von ausschlaggebender Tragweite. So können

- Selektionstechniken,
- Aggregierungen von visuellen Objekten zu Pulks,
- Konturen- und Kontrastsehen,
- Explorationstechniken
- und anderweitige wahrnehmungsstrategische Funktionen

zu einer raschen Lagefeststellung beitragen. In Kampfhandlungen sind oftmals Millisekunden lebensentscheidend. Außerdem können ausgebildete Strategien den visuellen Informationsstrom beachtlich entlasten.

Mit dem **auditiven Informationsstrom** werden drei Wörter in der Sekunde in den Arbeitsspeicher transportiert. Rascher geht es nicht. In der Regel liegt die auditive Informationsaufnahme zwischen zwei und drei Wörtern. Diese Zahl ist für die Verständigung ausschlaggebend. Zu denken ist z.B. an den Funkverkehr, an Auftrags- und Befehlsausgaben. Erwähnenswert ist an dieser Stelle, daß auch drei Wörter in der Sekunde gesprochen werden können. Rascher geht es auch hier nicht. Divergenzen zwischen Führer und Geführtem machen sich dann bemerkbar, wenn z.B. der Führende mit drei Wörtern pro Sekunde einen Auftrag erteilt und der Auftragsempfänger nur noch ein Sprechtempo von einem bis zwei Wörtern verarbeiten kann. Vor allem unterschiedliche Beanspruchungen tragen zu diesen Divergenzen in der Kommunikation bei. Die daraus resultierenden Mißverständnisse führen zu Fehlentscheidungen, Einsatzfehlern und Verlusten.

Neben der Sprechdisziplin ist vor allem die Funkdisziplin besonders auszubilden, um semantische Kontexte in der Sprache rascher erfassen zu können. Außerdem sollte sich der Führer über den akuten Distresszustand seiner Soldaten informieren, bevor er Aufträge mit hohem Sprechtempo erteilt. In kritischen High-Risk-Situationen ist z.B. der Sprechfunk das Zünglein an der Waage. Immer wieder ist es auffallend, wie viele Einsatzfehler durch mißverstandenen oder nur bruchstückhaft ankommenden Sprechfunk zustande kommen (Dietrich 2003).

Der **taktile Informationsstrom** übermittelt uns drei Ecken oder Kanten, die pro Sekunde ertastet werden können. Das ist für den Umgang mit Waffen und elektronischen Systemen leistungsbestimmend. Ausschlaggebend ist, daß die Hand nur so rasch bewegt werden darf, daß noch drei Konturen eines Gegenstandes sensorisch registriert werden können. Bei schnellerer Handbewegung werden die einzelnen Konturen übertastet. Das kann zu Fehlern in der Handhabung der Waffe oder eines elektronischen Systems beitragen. Auch beim Abtasten der Gefangenen kann es zum Übertasten von versteckten Waffen und Messern kommen.

Erinnern lassen sich ebenfalls in der Sekunde drei Sachverhalte. Demzufolge können pro Sekunde nur drei Verknüpfungen zwischen der **Gedächtnisinformation** und der **eingeströmten Umweltinformation** hergestellt werden. Das Abrufen der Gedächtnisinformation ist eine sehr sensible kognitive Operation. Unter beginnendem dysfunktionalen Stress ist bereits eine Reduzierung der Erinnerungsgeschwindigkeit nachzuweisen. So werden Aufträge, Begriffe und Zahlen vergessen.

Wir sind in der Lage, im ausgeruhten Zustand drei Wörter oder drei Griffe in der Sekunde abzugeben. Während die Sprechgeschwindigkeit bereits erwähnt wurde, handelt es sich bei der Griffgeschwindigkeit um den raschen Umgang mit der Waffe, mit Fahrzeugen oder mit Geräten.

Zur Bewertung, Strategiebildung und zielsicheren Umsetzung der verlangten Maßnahmen stehen fünf bis sechs Sekunden zur Verfügung. Das ist die **Gegenwartsdauer**. Es ist die Zeit, die es uns im laufenden Einsatz ermöglicht, über eine Lage nachzudenken. Drosseln wir die externe und interne Informationszufuhr, dann können wir eine Situation länger gegenwärtig halten. Allerdings ist dieser Zustand im Gefecht unrealistisch. Wir würden den Informationsanschluß verlieren. Die Lage in der Informationsverarbeitung veraltet dann rasch. Wir bleiben auf die einmal gespeicherte, alte Lage fixiert. **Die Lage läuft uns davon** (Kap. 3.3.1).

Das Volumen im Arbeitsspeicher beträgt im ausgeruhten Zustand etwa 15 Informationseinheiten. Dieser Betrag wird auch **Informationshaushalt (IHH)** genannt. Seine Kapazität und seine Funktionsgüte sind maßgebend von der Ausbildung geprägt. Je besser die Wahrnehmungsstrategien, die kognitiven Operationen und die Aktionen als Gefechtshandwerk beherrscht werden, um so weniger wird der IHH strapaziert, d.h. um so mehr Reserven stehen dem Soldaten in Extremlagen und in Notfällen zur Verfügung. Er spart Informationsressourcen.

Zur Informationsüberlast kann es kommen, wenn mehr Information pro Zeiteinheit aus einer Lage verarbeitet werden muß als durch die Kapazität des IHH akut gedeckt ist. Die dadurch entstehende **Informationsdivergenz** erzeugt rasch ein Distressprofil. Dies trägt seinerseits zu einem weiteren Abbau des IHH bei. So entsteht eine gefährliche **Distress-Spirale**, die zuerst relativ harmlos beginnt. Sie wird vom Führer und vor allem vom Personal in Stäben anfangs kaum bemerkt. Sind die Auswirkungen erkennbar, ist das Distressprofil meistens schon derart weit entwickelt, daß es in laufenden Gefechtshandlungen kaum noch abgefangen werden kann. Dazu wären Gefechtspausen notwendig. Das läßt aber der Gegner nicht zu.

Der IHH ist ebenfalls durch eine spezielle Ausbildung zu stabilisieren und in seiner Leistung zu steigern. Heranführen an die Grenzen der Kapazität, Umgang mit Mehrfachaufgaben, Routinieren der Informationsverarbeitung, der kognitiven Operationen, und die Bereitstellung von effizienten Verarbeitungstechniken sind die entsprechenden Ausbildungsziele.

Die zunehmende **Informationsüberlast** wird als **Bedrohung** empfunden (Abb.4). Diese entsteht durch eine informationelle Überlast. Ankommende Information wird vom Führenden nicht mehr aufgenommen und verarbeitet. Der

Führende merkt, daß er die Lage nicht mehr unter Kontrolle hat. Das gilt für den Führungsbereich, ist aber auch für den Einsatz im Gefechtsfeld von nicht zu unterschätzender Tragweite. Bedrohungen veranlassen zum Angriff, zur Flucht oder zum Erstarren. Je nach Ausbildungsphilosophie und Einsatzeinstellung wird mehr angegriffen als geflohen, mehr geflohen als angegriffen oder nichts mehr unternommen. Das gilt auf allen Einsatzebenen.

Während die Informationsüberlast schon in mehreren Varianten näher erforscht ist, gilt dies nicht für die Aussagen über den **Informationsentzug**. Der Zustand drückt aus, daß den Führern spezielle Information fehlt, um eine Lage noch übersehen und Entscheidungen treffen zu können. In diesem Zusammenhang wird von der „**Leere des Gefechtsfeldes**" gesprochen. Der Gegner lauert überall, aber er ist nicht auszumachen. Informationsentzug kann sich zu einem unerträglichen Zustand steigern, der als **Ungewißheit** bekannt ist. Ungewißheit veranlaßt auch zur Suche nach Ersatzgegnern.

Während im militärischen Bereich der Zustand der Ungewißheit durch einen Angriff reduziert oder sogar aufgehoben werden kann, wirkt diese klassische Maßnahme nicht überall. Die besprochenen Bedrohungsszenarien zeigen immer wieder Segmente, in denen der Gegner nicht auszumachen ist. Dies gilt für den Partisanenkampf und für den Kampf gegen den Terrorismus. Führungskräfte, die unter dem Zustand der Ungewißheit leiden, streben Gewißheit an, ein geläufiger „Stress-Copingmechanismus". Dieses Streben nach Gewißheit kann auch eskalieren, indem die bereits erwähnten Ersatzgegner, aber auch Ersatzobjekte gesucht und zerstört werden. Der psychische Zustand nach dem 11. September 2001 war eine weltweit angelegte Ungewissheit über den Verbleib weiterer Terroristen. Daher ist dem Zustand der aufkeimenden Ungewißheit besondere Führungsaufmerksamkeit zu widmen.-

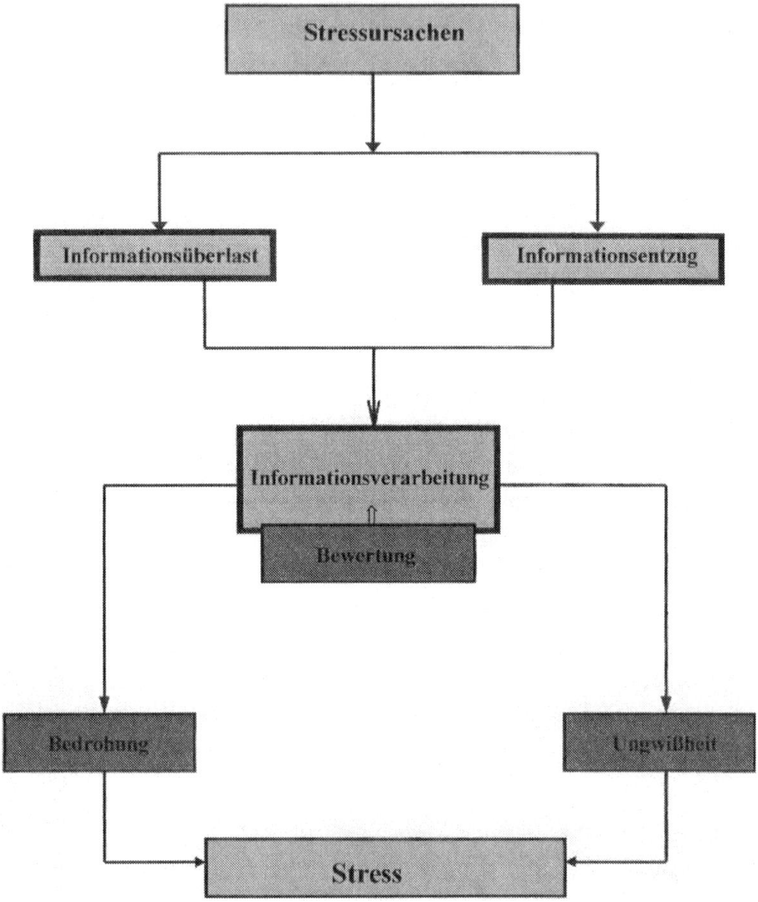

Abb. 4: Entstehungs- und Wirkungszusammenhänge zwischen dysfunktionalem Stress und psychischem Zustand.

Bedrohung und Ungewißheit sind psychische Regulative, die Soldaten auf allen Führungsebenen destabilisieren können. Zermürbend wirken sie vor allem dann, wenn sie gemischt auftreten und längere Zeit anhalten.

Den bisherigen Ausführungen ist zu entnehmen, daß ein enger Wirkungszusammenhang besteht zwischen der Kapazität des IHH und der **subjektiven Bewertung einer Lage**. Die Bewertung ist eine weitere distressauslösende Größe. Bewertet ein Soldat z.B. eine Lage als „Das schaffe ich nicht“, dann hat dies bereits distressauslösenden Charakter. Dies wird in Abbildung 5 deutlich.

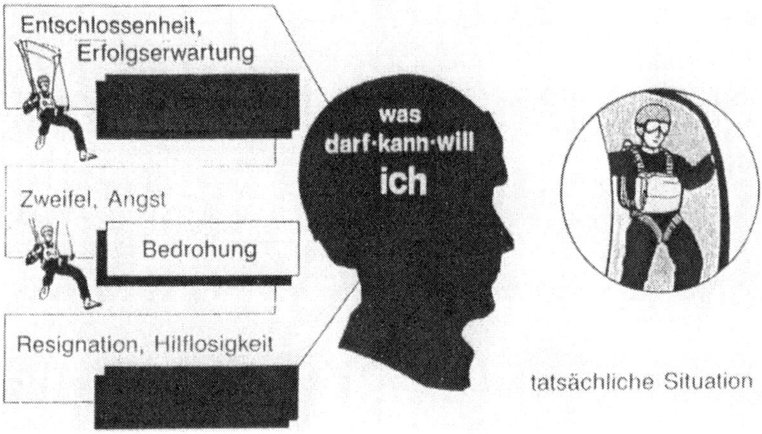

Abb. 5. Informationsverarbeitung und subjektive Bedingungen unterschiedlicher Distressgenese (ZInFü 1993, F6).

Die bewältigten oder nicht bewältigten Lebenssituationen bilden eine erfahrungsbiographische Datik aus, die sich in akuten Lagen immer wieder bemerkbar macht. Ereignisse mit ihren emotionalen Begleitumständen werden im Gedächtnis festgehalten. Tauchen ähnliche Ereignisse wieder auf, wirken die früher einmal erlebten mit ihren Emotionen auf die Lagebeurteilung ein. So entstehen im Laufe des Lebens spezielle Einstellungen und Grundhaltungen, die durch den erfahrungsbiographischen Hintergrund geprägt sind. Situationen können so von den einen als positive Herausforderung verstanden, von anderen aber mit Zweifel an die eigene Leistungsfähigkeit verbunden werden.

Inzwischen gelingt es, während der Darstellung lebensbedrohlicher Szenarien am Bildschirm die individuellen Erregungszustände durch elektrodermale Aktivitäten zu messen. Dadurch ist es möglich, Stimmungen auszumachen und diese durch eine gezielt angesetzte Ausbildung zu beeinflussen.

Aus der Abbildung 6 ist zu entnehmen, daß die **Lage davonläuft,** wenn mehrere stressauslösende Risikofaktoren kumulieren. Als Risikofaktoren wirken im einfachsten Fall bereits Hunger, Durst, Schlafentzug und verschlissenes Material in Verbindung mit mangelhaften Führungsleistungen. Sie erhöhen die Vulnerabilität.

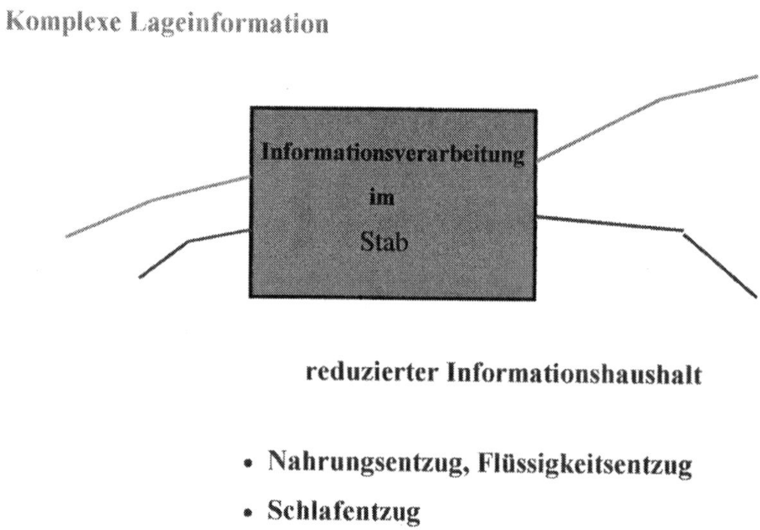

Abb. 6: Risikofaktoren, die dazu beitragen, daß die Lage davonläuft.

Die Beschreibung der Distressverläufe lenkt auf die Frage nach einer Ausbildung für ein **distressresistentes Einsatzverhalten**. Eine solche Ausbildung definiert sich unmittelbar aus dem Einsatz. Dies gilt auch für die Bestimmung der Anforderungsprofile für militärische Führer.

Der einmal entstandene und weiter wirkende dysfunktionale Stress ist während des Verlaufes einer Lage nicht

mehr zu stoppen. Daher ist es stresspräventiv empfehlenswert, das militärische Führungspersonal so auszubilden, daß der dysfunktionale Stress im Lageverlauf überhaupt nicht oder erst in einem sehr späten Stadium der Lageentwicklung auftritt.

Besitzen die Führer bereits Erfahrung über Bewältigungsmaßnahmen, dann entsteht in der Regel kein Distress. Ist außerdem ein routiniertes Ausbildungsprofil vorhanden, das ressourcensparend eingesetzt werden kann, dann sind die Voraussetzungen zur Distressgenerierung gering.

Distress wird bei Führungskräften weitgehend verhindert, wenn von ihnen in der Aus- und Fortbildung das Führen und Bewältigen von Lagen verlangt wird, die im Beanspruchungsniveau über den Ernstfall hinausgehen.

(3) Sofortmaßnahmen

In den bisherigen Beschreibungen wurde von einem uneingeschränkten IUS und IHH ausgegangen. Wirken allerdings Risikofaktoren auf sie ein (Abb. 6), dann ist u.U. mit starken Leistungseinbußen zu rechnen. Diese werden in den nachfolgenden Kapiteln noch näher beschrieben und die dazu notwendigen Ausbildungsmaßnahmen vorgestellt. Daher geht es in diesem Kapitel nur um einige Sofortmaßnahmen, die bei einem drohenden Leistungseinbruch anzuwenden sind.

Nicht zu unterschätzende Ursachen für Leistungseinbrüche können in folgenden **akuten Defiziten** liegen:

- Hunger und Durst;
- Ermüdung;
- Informationsdefizit zwischen führendem Entscheidungsträger und Lageinformation;

- ungenügende Ausbildung und Vorbereitung für den laufenden Einsatz;
- leistungsdistanzierende Führungscrews;
- psychophysische Verletzbarkeit bei Belastung.

Die genannten Variablen sind nur Akzente, die in den kommenden Ausführungen immer wieder im Mittelpunkt stehen. Unberücksichtigt bleibt das **soziale Umfeld** der Soldaten, das sich ebenfalls intensiv auf die Führungsqualität auswirken kann. Der Schwerpunkt der Ursachenfindungen für den Führungsstress soll aber hier auf den Kampf- und Gefechtsstrang fokusiert bleiben, ohne jedoch die Einwirkungen des sozialen und familiären Umfeldes, der „Heimatfront", in den anliegenden Belastungsfeldern zu verkennen.
In den Streitkräften ist die alte Erfahrung „ohne Mampf kein Kampf" geläufig. **Hunger** beruht in wesentlichen Teilen auf Defiziten im Hirnstoffwechsel. Das allen bekannte Hungergefühl signalisiert diesen Zustand. Dies bedeutet aber auch gleichzeitig, daß mit dem Auftreten des Hungergefühls der IUS und der IHH eingeschränkt werden können. Sofortige Nahrungsaufnahme ist daher angebracht. Mineralstoffe und Spurenelemente sind zu bevorzugen. Empfehlenswert ist eine Nahrungsaufnahme, die so dosiert ist, daß Hunger überhaupt nicht aufreten kann. Dies gelingt um so besser, je öfter unter Extremlagen geübt wurde und dadurch die eigenen Stoffwechselreaktionen bekannt sind.
Eine weiterführende Variante ist der lagebedingte Nahrungsentzug. Logistische Schwierigkeiten, Durchschlagen im Feindesland, Jagdkommandos, vergifteter Proviant, überfallene Camps und weitere Besonderheiten können dazu beitragen, daß über einen längeren Zeitraum kein Proviant zur Verfügung steht. Dieser Zustand ist zu üben, um den Umgang mit Nahrungsentzug unter Kontrolle halten zu können. Wird zum ersten Male, also noch ungeübt, z.B. 48 Stunden keine Nahrung aufgenommen, dann führt die Bewertung dieses Zustandes zu einem höheren Distressprofil als der Nah-

rungsentzug selbst. Unerfahrene meinen schon nach den ersten Ausfällen der Mahlzeiten, daß sie jetzt „zusammenbrächen, wie gelähmt seien, nichts mehr leisten könnten". Darunter leidet dann ihre Führungsfähigkeit.

Durst ist an einen defizitären Wasserhaushalt gebunden. **Flüssigkeitsaufnahme** ist aber zur Erhaltung der Einsatzkraft von ausschlaggebender Bedeutung. Die Tragweite mangelhafter Flüssigkeitsaufnahme wirkt sich bei hohen Temperaturen besonders massiv aus. Neben dem Flüssigkeits - Defizit sind es wiederum die abnehmenden Mineralstoffe und Spurenelemente, die zu akuten Leistungseinbrüchen beitragen. Rasch können solche Einbrüche durch Mineralwasser kompensiert werden. Im laufenden Einsatz sind bei männlichen Soldaten ab +30 Grad bis zu sieben Liter bezogen auf einen 24- Stundeneinsatz notwendig, bei weiblichen Soldaten etwa zwei Liter weniger. Oftmals liegt der Bedarf sogar höher. Das ist im Wüstenkampf der Fall. Der Umgang mit der Flüssigkeitsaufnahme sollte so erfolgen, daß Durst überhaupt nicht auftreten kann. Bevor Durst aufkommt, ist zu trinken. In tropischen Regionen sind die Zeitabstände zu verkürzen.

Das Tragen der notwendigen Flüssigkeitsvorräte ist zu üben. So ist es schon ein beachtlicher Gewichtsunterschied, ob fünf bis sieben Liter Wasser im Rucksack zusätzlich noch mitgeschleppt werden müssen. Auszugehen ist davon, daß natürliche Wasservorkommen in Quellen und Bächen ungenießbar sind oder überhaupt nicht vorhanden sind. Besonders intensiv ist der dosierte Umgang mit Flüssigkeit unter großer Hitzeeinwirkung zu üben, um gesundheitliche Schäden und Leistungseinbußen zu verhindern. Das individuell dosierte Trinken ist als eine Überlebenstechnik zu verstehen. Sie ist wiederholt in Übungen einzubauen, um die eigenen Feinheiten des Reagierens auf große Hitze unter Kontrolle zu bekommen.

Ermüdung und Müdigkeit entstehen bekanntlich durch zu wenig Schlaf. Während in der Regel jeder seinen Schlafrhythmus kennt, entstehen im Einsatz zwei Risikofaktoren, und zwar einerseits durch Schlafdefizite aufgrund ständiger Einsatzbeanspruchungen, und andererseits durch die subjektive Bewertung reduzierter Schlafzeiten. Sie wirken sich auf unerfahrene Soldaten meistens leistungsmindernd aus. Das ist zusätzlich distresssteigernd. Nach mehreren Übungen mit dosiertem Schlafentzug wird dagegen umbewertet. Allerdings ist der Umgang mit Schlafentzug systematisch vorher auszubilden.

Die Auftragserfüllung unter Schlafdefizit im Einsatz sieht folgendermaßen aus:

- Aufträge benötigen mehr Zeit
- Zuerst werden unter Schlafdefizit folgende Aufgaben beeinflußt:
    - -- komplexe Aufträge;
    - -- uninteressante Aufträge;
    - -- lange Aufträge;
    - -- neu gelernte Fertigkeiten.
- Zuletzt werden unter Schlafdefizit beeinflußt:
    - -- einfache Aufträge;
    - -- Aufträge mit gedrillten Anteilen;
    - -- interessante Aufträge.

Die Verminderungen der Leistungsfähigkeit des Soldaten unter Schlafdefizit hat folgende Entwicklungen:

- bis 18 Stunden:keine Einschränkungen;
- 18 - 24 Stunden:Verlust von neu gelernten Mustern (GedächtnisAusfällen);
- ab 24 Stunden:Reduzierung der Informationsaufnahme und –verarbeitung;
- 60 - 80 Stunden:gesamte Leistungsfähigkeit auf 50% reduziert;
- nach 80 Stunden:absolutes Limit.

Nachstehend soll ein **Schlafplan** vorgestellt werden, der Richtwerte für Schlafzeiten umfaßt. Ausgegangen wird von 24 Stunden als Bezugsgröße.

Der jeweilige Schlafbeginn soll nicht erst dann erfolgen, wenn bereits die Augen zufallen, sondern er soll in individuell erprobten Zeitabschnitten angetreten werden. Diese einfache Regel wird im Führungsbereich meistens mißachtet.

- Catnaps:

Das ist eine Kurzschlaf-Phase von etwa zehn Minuten. Sie ist mindestens alle vier Stunden zu wiederholen. Jedenfalls sind Catnaps dann einzusetzen, wenn sich schon eine leichte Ermüdung einstellt. Dieses Schlafverfahren besteht im wesentlichen darin, daß man sich hinlegt oder hinsetzt und sich schlafbereit macht. Die Schlafphase beginnt dann sehr rasch, etwa nach einer Minute. Sie dauert höchstens zehn Minuten. Während der Schlafdauer sind Hintergrundgeräusche ständig zu hören. Einschlafen und Aufwachen sind Automatismen. Catnaps sind daher einfach zu handhaben. Nach den bisher vorliegenden Erfahrungen werden allerdings Catnaps nur von etwa 3% der Einsatzkräfte beherrscht. Aufgrund der erwähnten Automatismen ist das Erlernen der Catnaps nicht ohne weiteres möglich.

- 2-Stunden-Schlaf:

Das ist besser als kein Schlaf. Allerdings gibt es während der Einsätze bestimmte Schwierigkeiten beim raschen Einschlafen. Das Aufwachen nach zwei Stunden kann ebenfalls strapaziös sein.

- 4-Stunden Schlaf:

Vier Stunden täglich sind für etwa einen vierwöchigen Einsatz ausreichend. Wenn es möglich ist, lassen sich die vier Stunden in zwei Phasen zu zwei Stunden unterteilen.

- **Führungskräfte** benötigen sechs Stunden Schlaf.

Länger andauernder Schlafentzug mindert die Führungsqualität und die Einsatzkraft. Daher ist mit dem Schlafquantum über Monate sorgfältig umzugehen. In diesem Zusammenhang ist sämtlichen Führungskräften zu verdeutlichen, daß auch sie Schlaf benötigen und sich in der akuten Bedarfslage zum Ruhen zurückziehen sollten. Die Erfahrungen zeigen, daß durchgehaltene Stabsarbeit über 60 Stunden ohne Schlaf zum Zusammenbruch der Führungskräfte beitrug. Die Führungsfehler nehmen über diesen Zeitraum beachtlich zu.

Die Sofortmaßnahmen zeigen, daß eine direkte Ursachenbekämpfung bei aufkeimendem Stress empfehlenswert ist. Entspannungsübungen jeglicher Art, Meditationsübungen etc. beeinflussen nur Stresssymptome. Die Ursachen werden dadurch nicht beseitigt. Dennoch sind in einer Gefechtspause entsprechende Übungen ratsam.
Ein stressdämpfendes und stressresistentes Ausbildungsziel hat an den Stressursachen anzusetzen. Daher müssen diese bekannt sein, um sie in der Ausbildung ansteuern und beseitigen zu können. Dies soll in den folgenden Kapitel angestrebt werden.

3.2 Einsatzstress, Menschenführung und Information

Information, ihre Aufnahme, Verarbeitung, emotionale Einordnung und Abgabe sind zentrale Führungs- und Überlebensgrößen (Kap. 2.7). Daher sind ihre Funktionen und ihre Auswirkungen während des Führens von ausschlaggebender Tragweite. Die Grenzwerte unseres Verhaltens in kritischen Lagen werden von dem Zusammenwirken der genannten Größen bestimmt. Ihre Defizite können katastrophale Auswirkungen haben. Daher ist der sichere und souveräne Umgang mit Information eine Basisfunktion, die für Führungskräfte unerläßlich ist. Führungskräfte werden derzeit daran gemessen, in welcher Weise sie mit Information umgehen und diese lagegerecht einsetzen können.

Information ist von menschlichen Hirnen gemacht und wirkt auf menschliche Hirne ein. Das wird aufgrund der rasanten Entwicklung der Informationstechnologie meistens vergessen. Die elektronischen Systeme sind nur Transport- und Verbindungsmittel. So steht die Führung auf zwei Säulen, und zwar auf der Güte und Stabilität der Informationstechnologie einerseits und der Kapazität und Qualität der Informationsverarbeitung der Führer andererseits. Dies gilt für die Stabsarbeit und die Handhabung der Waffensysteme gleichermaßen.

Information dringt in die Hirne der Führer ein, bildet darin Wissen, Denkmuster, Gewohnheiten und Grundhaltungen aus. So steuern die Informationen auch die Emotionen. Diese beeinflussen dann über Rückmeldeschleifen wiederum die Informationsverarbeitung. Information moduliert demgemäß Einstellungen und Bewertungen. Schlechte Information, im Alltag geläufig als schlechte Nachrichten, kann uns in Unruhe versetzten, gute Information erzeugt Freude und eine angenehme Stimmungslage. Ein Stichwort in einem Gespräch kann uns zur Weißglut bringen oder läßt uns erblassen. Information steuert so unsere alltäglichen Emotionen.

Information ist die Injektion des Ausbilders; sie ist aber auch die Injektion für den Gegner (Kap. 2.7). Allerdings muß der Aufbau und die Wirkungsweise von Information beherrscht werden. Information ist so gesehen eine **Schlüsselgröße** zur Erzeugung von Distressprofilen, Burnout-Syndromen und Selbstzerstörungsaktionen.

Information ist ein beliebtes Mittel, Führungsprozesse zu destabilisieren und Verwirrung zu stiften. Sie ist aber auch das bevorzugte Mittel, Gefechte, Krisen und Konflikte nach eigenem Ermessen zu steuern und zu regulieren. **Information ist daher ein zentrales Führungsmittel.**

Einsatz und spezifische Handhabung von Information aktiviert in Ergänzung zu Kapitel 2.7 folgende Führungs- und Verhaltensprozesse:

- Kommunikation zwischen den Führungs- und Einsatzebenen;
- Optimierung der Menschen – Waffensystem – Schnittstelle;
- Verhaltensänderungen;
- Veränderung von Emotionen und Einstellungen;
- Zerstörung oder Aufbau von Ideologien und Weltanschauungen;
- Zerstörung oder Aufbau von Führungsprozessen,;
- Zerstörung oder Erhaltung der Menschen, die führen;
- Aufbau von Präventivstrategien zur Lagebewältigung.

Diese Beispiele reichen aus, um auf das Wirkungsspektrum der Information hinzuweisen. **Information ist eine Führungswaffe.** Wer sie beherrscht, der beherrscht und bestimmt das Krisenszenario. Zu erinnern ist hier, daß Information von menschlichen Hirnen ausgeht und menschliche Hirne verändert. Dieser Satz gilt auch indirekt für rechnergespeicherte Information, die vom Entscheidungsträger aufzunehmen und zu verarbeiten ist.
Wer über die richtige lagebezogene Information zum richtigen Zeitpunkt verfügt, der hat die größeren Überlebenschancen. Lageinformation, Bewerten und Entscheiden sowie führungsgerichtete Umsetzung der Information unter hohen Belastungen ist ein Gütekennzeichen von Führung. Dynamisiertes und hohes Informationsaufkommen wird so nicht zum Chaos. Anders formuliert:
Chaos ist führbar, weil turbulentes Informationsaufkommen bei hoher Führungsqualität nicht chaotisch, sondern strukturiert verarbeitet wird.

Falschinformation, unklare Information etc. lassen sich abwehrend in Führungsmaßnahmen einkalkulieren. „Ein großer Teil der Nachrichten, die man im Kriege bekommt, ist widersprechend, ein noch größerer ist falsch und bei weitem der größte einer ziemlichen Ungewißheit unterworfen“ (Clau-

sewitz 1991, 92). Hieraus die richtige Information zu ziehen, stellt einen hohen Führungsanspruch dar.
Trifft Information den Menschen, dann beginnt sie zu wirken. Ihre Verarbeitung beansprucht den Menschen mehr oder weniger. In der Führung ist jedoch diese Beanspruchung von ausschlaggebender Tragweite. Die Stabsarbeit wird davon bestimmt.
In Stäben ist oftmals die Meinung anzutreffen, daß eine bestimmte Lage noch überschaubar gewesen sei und die Aufregung sich in Grenzen gehalten habe. Distress sei kaum oder nicht aufgekommen. Bewertet wird hier allerdings das eigene Verhalten mit den klassischen Distresssymptomen wie z.B. Schwitzen, Herzklopfen, trockener Mund und ähnliches. Gemessen aber an den objektiv feststellbaren Fehlleistungen von Stäben jeglicher Art liegen bereits erhebliche dysfunktionale Stresszustände vor, wenn es um die Bewältigung akuter **Bedrohungslagen** und um **außergewöhnliche Lagen** sowie um **Extremlagen** geht. Das wird in den folgenden Ausführungen noch eingehender betrachtet. Da Stabsarbeit vorwiegend kognitiv abläuft, kommt noch hinzu, daß Informationsüberlast nicht unmittelbar bemerkt werden muß. Daher sind oftmals die typischen somatischen Distresssymptome nicht sofort spürbar. Eine weitere Wirkung ist noch dadurch gegeben, daß z.B. taktische Fehlleistungen überhaupt nicht mehr bemerkt werden, weil ab einem bestimmten Beanspruchungsniveau die für die Bewertung solcher Fehlleistungen notwendige Information im IHH fehlt. Das sind die Gründe, weshalb sich Stabsmitglieder verschätzen.
Woran ist nun dysfunktionaler Stress bei Mitgliedern eines Stabes zu erkennen ?
Die Antwort ist bei der Anwendung psychophysiometrischer Meßverfahren relativ komplex. Darüber gibt die im Kapitel 3.1 skizzierte Literatur umfassend Auskunft. Bezogen auf die Führungsresultate ist aber die Antwort relativ einfach. Sie lautet: Dysfunktionaler Stress ist dann vorhanden, wenn sich beim Betroffenen wiederholt Führungsfehler bemerkbar

machen. Dies läßt sich in der laufenden Lage leicht feststellen.
Inzwischen ist es möglich, Belastungs- und Stressprofile während der laufenden Stabsarbeit zu messen und die Ursachen zu lokalisieren. Die Verhaltensbesonderheiten dazu sind in den folgenden Abschnitten aufgezeigt und näher beschrieben.

3.3 Führungsverhalten unter Informationsüberlast

(0.) Das Symptomspektrum

Das Spektrum der zu beobachtenden Fehlersymptome in der Stabsarbeit ist relativ breit. Daher sei zuerst das Gesamtfeld vorgestellt, aus dem anschließend einige Merkmale und Funktionen herausgegriffen werden, um sie näher zu beschreiben.
Die folgenden Symptome drücken durchweg Zustände der Führungskräfte aus, die im Spannungsfeld zwischen Vorwarnung und Hochstress anzusiedeln sind. Im einzelnen handelt es sich um folgende Schwachstellen im Führungsbereich:

- Sprachverarbeitung geht zurück, wird fehlerhaft;
- Meldungen werden versteckt;
- Hängen an Vorschriften;
- Auftragstaktik weicht der Befehlstaktik;
- taktische Verarmung;
- zunehmende Mißachtung des Völkerrechts;
- Entscheidungsverzögerungen;
- Beratungsreserven für die zu führenden Soldaten schwinden;
- „Schrotschußverhalten“ (Aktions- und Redeschwall);
- kognitive Leistungen werden fehlerhaft;
- Falschbewertungen von Lagen nehmen zu;

- Schwierigkeiten werden nicht mehr erkannt, z. B Tabuisierungen, Maskierungen und Ignorierungen von kritischen Lagen;
- mentales Fremdgehen, Nebengedanken drängen sich auf;
- Zunahme von Nebentätigkeiten, z.B. Aufträge werden nicht mehr ausgeführt und zunehmend anderweitige Dinge erledigt;
- Verantwortung wird delegiert;
- Vertrauenskrise;
- individuelle Sinnkrise.

Manche Symptome treten kumulativ auf, manche seriell. Festzuhalten ist, daß bei ihrem Auftreten ein ansteigendes dysfunktionales Stressprofil entsteht, das die Führungsleistungen beachtlich einschränken kann.
Jeder Zustand hat seine individuelle Entstehungsgeschichte. Manche Einbrüche bei Führern entstehen akut, einige bereiten sich über einen längeren Belastungszeitraum vor. Daher sollen nachstehend einige Fälle herausgearbeitet werden.

(1.) Übersicht geht verloren, die Lage läuft davon

Es ist leicht nachvollziehbar, daß in kritischen Lagen die Übersicht verloren geht. Die Lage läuft davon. Das tritt nicht blitzartig auf, sondern entwickelt sich meistens allmählich. Die Lageinformation ist dann größer als die noch vorhandene Kapazität der eigenen IVA. Der IHH kann die notwendigen Ressourcen nicht mehr bereitstellen. Grundsätzlich ist hier zu betonen, daß die spontane Distressentstehung vom Momentanzustand der Führungskräfte abhängt. Die Ursachen dieser Entwicklung sind vielfältig. Naheliegend sind neben den bereits erwähnten Zuständen von Hunger, Durst und Ermüdung vor allem Ausbildung und Einsatzeinstellung (Abb. 7).

Während die drei ersten Risikofaktoren leicht zu beseitigen sind (Kap. 3.1), geht der aufkommende Distress nach den bisherigen Ausführungen von einer Divergenz aus, die sich zwischen Lageinformation und eigener Informationsverarbeitung herausbildet. Entstanden ist ein typischer **Überlastzustand**. Der daraus generierende Leistungsabbau geschieht folgendermaßen:

1. Stadium: Lage kann nicht mehr übersehen und kontrolliert werden.
2. Stadium: Die Divergenz zwischen Lage und eigenem Wissen über die Lage macht sich bemerkbar, wird wahrgenommen.
3. Stadium: Es werden Versuche eingeleitet, die Divergenz zu beseitigen. Das ist mit Aufwand verbunden. Ressourcen werden benötigt. Sie müssen vom IHH bereitgestellt werden. Sind sie nicht mehr vorhanden, eskaliert der dysfunktionale Streß.

Diese drei Etappen der dysfunktionalen Stressgenerierung lassen erkennen, daß in einer laufenden Lage ein einmal gestarteter dysfunktionaler Streß kaum noch einzuholen ist.

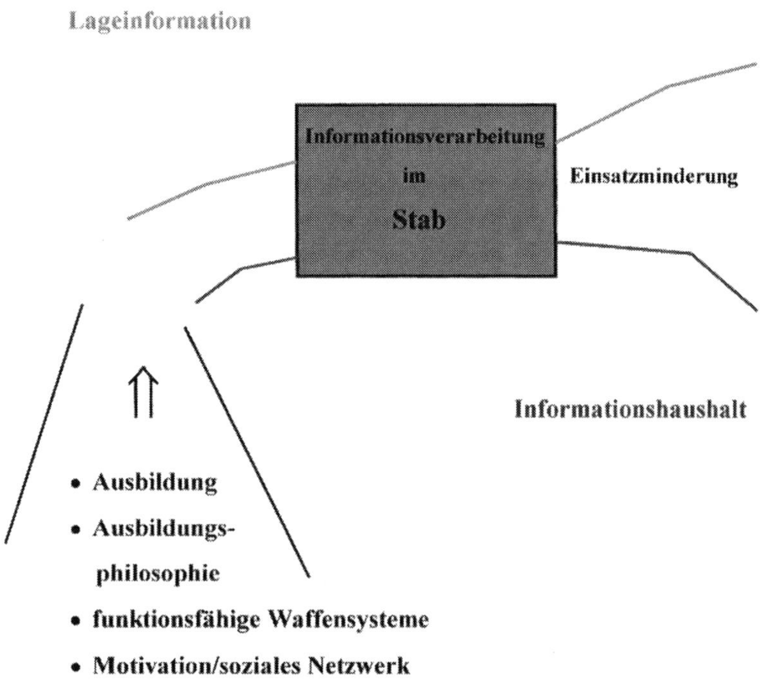

Abb. 7: Risikofaktoren, die zur Reduzierung der Einsatzkraft beitragen und die psychische Verletzbarkeit während des Einsatzes erhöhen.

Um Divergenzen zwischen Lageinformation und IHH weitgehend zu vermeiden, sind zwei Forderungen zu erfüllen, und zwar: **umfangreich vorhandene Ressourcen** im Arbeitsspeicher bereitstellen und eine **optimale Strategie der Informationsverarbeitung** ausbilden. Dies trägt dazu bei, daß anfallende Denkprozesse mit minimalem Aufwand bewältigt werden können. Erwähnenswert ist in diesem Zusammenhang, daß nur solche Denkmuster ressourcensparend verarbeitet werden können, die präzise gelernt und gespeichert wurden sowie gedrillte Anteile enthalten. Gemeint ist eine Übungskonzeption, durch die perzeptive, kognitive und aktionale Funktionen gleichermaßen geübt und gedrillt werden. Erkennen einer Lage, kognitives Durchspielen von verschiedenen Maßnahmen und deren Umsetzung müssen rasch und mit wenig Aufwand vollzogen werden können. Voraussetzung für einen derartigen IUS sind Ausbildungsmaßnahmen, durch die eine einwandfreie Kodierung der verlangten Wahrnehmungs-, Denk- und Handlungsmuster vorgenommen wurde. Sie müssen mit einer klaren und präzisen Sprache in kurzen Sätzen vermittelt worden sein. Dadurch kann das Gehirn selbst in Notlagen die notwendigen Maßnahmen noch abrufen und zur Bewältigung der Lage einsetzen. Das militärische Zunftwissen der Befehlsgebung in kurzen Sätzen erhält hier seine Fundierung. Ressourcen werden gespart, wenn es gelingt, eine taktische Maßnahme, eine visuelle Strategie oder eine Aktion mit wenigen Worten im Gedächtnis zu plazieren. Die auftretende Divergenz zwischen Lageinformation und IHH tritt zu einem späteren Zeitpunkt oder überhaupt nicht auf. Umfangreiche Führungserfahrung sowie häufige Teilnahme an Übungen, denen aktuelle Bedrohungsszenarien zugrunde liegen, sind wesentliche Voraussetzungen für die Verhinderung von Distress.

Eine weitere Voraussetzung zur Verzögerung des Aufkommens von Distress ist die Ausbildung für **extreme und außergewöhnliche Lagen**. Extremlagen sind Lagen, die bis an die Grenze der Leistungsfähigkeit herausfordern und diese auch übersteigen. Unter einer außergewöhnlichen Lage ist eine Herausforderung zu verstehen, die vorher noch nicht bekannt war, also Neuigkeitswert besitzt (Kap. 4, 7). Die Bewältigung von extremen und außergewöhnlichen Lagen, damit auch die Bewältigung von Gefechtslagen, erfordert eine hohe Führungsqualität. So gibt es keine unübersichtlichen Lagen, es gibt nur eine ungeordnete IVA in den Köpfen der Führer. Führen läßt sich auch dann noch, wenn nichts mehr klappt. Selbst Chaos ist führbar.

Von nicht zu unterschätzender Tragweite im Führungsprozeß ist das **Grenzverhalten** der einzelnen Führer. Mancher wird von seinem eigenen Verhalten und seinen Führungseinbrüchen in Grenzbelastungen überrascht. Daher sollte sich jeder militärische Führer in solchen Lagen genau kennen. Planübungen sollten an die Grenzleistungen der Beteiligten heranführen und diese Grenze auch überschreiten, um zu merken, unter welchen Stimmungen und Führungssymptomen dieser Schritt vollzogen wird. Mißerfolge sind einzukalkulieren. Diese müssen aber in einem gezielten Debriefing in das Ausbildungsspektrum eingeordnet werden. Außerdem ist darauf zu achten, daß der mögliche Mißerfolg bei einer Übung, die zur Überschreitung der individuellen Leistungsgrenze führt, als ein notwendiger Ausbildungsabschnitt zur Führung in Extremlagen deklariert wird. Permanente Mißerfolge sind allerdings zu vermeiden. Sie destabilisieren die innere Sicherheit der auszubildenden militärischen Führer. So gesehen ist die Verarbeitung des Mißerfolges bei einer Bewältigung von Extremlagen als ein notwendiger Ausbildungsschritt zur Bewältigung späterer Gefechtslagen zu verankern.

Die Ausbildung zur Bewältigung von Extremlagen und von außergewöhnlichen Lagen darf keinesfalls dazu führen, daß Aufträge und Aufgaben nur halbwegs gelöst werden. Eine nur halbwegs gelöste Aufgabe programmiert Vorausstress. Tritt im Einsatz eine ähnliche Lage auf, führt die halbgelernte Maßnahme bereits zu einem Stressvorlauf, der sich verhängnisvoll auswirken kann. **Halb gelernte Aufgaben sind eine Todsünde der Ausbildung**.

(2.) Fehlerquellen in der Sprachverarbeitung

Verbale Information besitzt syntaktische, semantische und pragmatische Dimensionen. Sie sind für eine optimale Führungskommunikation von grundlegender Bedeutung und werden nachstehend in ihrem Führungszusammenhang näher betrachtet.

Die **syntaktische Dimension** umfaßt die Satzstruktur. Für die Verarbeitung eines Satzes unter Belastung sind die Anzahl der benutzten Wörter pro Satz und die Satzlänge ausschlaggebend. Weitere Varianten sind noch die Anzahl der Objekte (Substantive), Verben und der Adverbien sowie der Adjektive.

Die Sprachverarbeitung ist eng mit der erwähnten Gegenwartsdauer von fünf bis sechs Sekunden verbunden. Um einen Satz mit Neuigkeiten zu verstehen, muß der Satzanfang so lange gegenwärtig gehalten werden, bis der Sprecher am Ende des Satzes angekommen ist. In der Regel sollte dieser Satz eine Sprechspanne von sechs Sekunden nicht übersteigen. Geht er aber über diesen Zeitraum hinaus, dann kann weitere verbale Information nicht mehr aufgenommen werden. Erst nach einer Spanne von 1,5 Sekunden kann der Arbeitsspeicher wieder Information verkraften.

Unter Berücksichtigung der erwähnten auditiven Aufnahmegeschwindigkeit von drei Wörtern in der Sekunde können im Arbeitspeicher über einen Zeitraum von z.B. fünf Sekunden rund 15 Wörter gegenwärtig gehalten werden. Damit ist der Informationshaushalt zur Identifizierung der einströmenden Wörter ausgelastet. Dies ist anhand eines Beispielsatzes aus Abbildung 8 ersichtlich. Nach rund 15 - 18 Wörtern wird für bis 1,5 Sekunden die Sprachaufnahme eingestellt. Die Satzsequenz „vom hohen Baum durch den Wald" wird überhört. Nach der genannten Zeitspanne setzt die Sprachaufnahme bzw. Sprachverständigung wieder ein. Hat die Gegenwartsdauer nur noch eine Zeitspanne von z.B. zwei Sekunden, dann können pro Satz nur noch etwa sechs Wörter gesprochen werden. Die Satzsequenz „in die Senke, über die Geländewelle" würde jetzt ausfallen. Wird diese Regel nicht eingehalten, dann kann dies bei Aufträgen, Kommandos und Befehlen sowie beim Sprechfunk dramatische Folgen haben. Der Auftrag in Abbildung 8 würde dann anders verarbeitet.

die Brücke ...

über den Bachgrund,

vom hohen Baum durch den Wald,

mit dem auffallend hohen Baum,

über die Geländewelle,

in die Senke

mit ihrer Gruppe

Sie gehen

Abb. 8: Zusammenhänge zwischen Satzlänge, Gegenwartsdauer und Verstehen: Spähtruppauftrag.

Während bisher von einer Gehirnleistung im ausgeruhten Zustand ausgegangen wurde, ist unter Distress nicht mehr mit einer Gegenwartsdauer von z.B. fünf Sekunden zu rechnen. Die Gegenwartsdauer bewegt sich unter starken Belastungen gegen null. Eine Zeitbereich von zwei Sekunden und weniger ist nicht selten. Dies bedeutet aber für die Sprachaufnahme, daß jetzt nur noch Sätze mit etwa sechs Wörtern verarbeitet werden können. Das Informationsloch von 1,5 Sekunden, das bei jeder Kapazitätsüberschreitung entsteht, bleibt davon unberührt. Um einer verbalen Information noch Gehör verschaffen zu können, ist jetzt die Sprache in „Sechs-Wort-Sätzen“ mit anschließender Sprechpause von 1,5 Sekunden anzubieten. Damit ist grundsätzlich ausgedrückt, daß zuerst zu klären ist, in welchem Belastungszustand sich der Angesprochene (z.B. Funk - Empfänger) befindet. Dann erst ist die Mitteilung zu senden. Bei Überforderung besteht die Gefahr, daß die entsprechende Information nicht ankommt bzw. nicht verarbeitet wird. Die geforderten Maßnahmen werden nicht umgesetzt.

Unter Grenzbelastungen kann ein Verarbeitungszustand eintreten, durch den z.B. ein ankommender Befehl als verstanden beantwortet wird, der Inhalt des Befehls aber nur kurzfristig behalten und nach seiner Wiederholung wieder vergessen wird. Dies bedeutet, daß etwa nach 15 bis 20 Sekunden nochmals nachgefragt werden müßte, um zu überprüfen, ob der Befehl tatsächlich verstanden bzw. behalten wurde.

Ein weitere sprachliche Führungsvariante ist die Stellung von Objekt (Substantiv), Verb und Adverb. Die Sätze sollten so aufgebaut sein, daß das jeweilige Objekt und Verb im Satzaufbau nahe beieinanderliegen.

Die Sprechzeitabstände zwischen Objekt und Verb können dazu führen, daß unter sehr hohen Belastungen, z.B. bei einem Spähtruppauftrag, vergessen wird, auf welche Weise die Geländewelle zu bewältigen ist. Oftmals spielt das Gehirn bekannte Begriffe ein. Im genannten Beispiel wird dann aus „gehen“, „in Stellung gehen“, zumal Wortreihen im Kontext verstanden werden. Der auffallend hohe Baum fordert dann geradezu zum In-Stellung-Gehen heraus. In den folgenden Ausführungen zur Semantik der Begriffe wird darauf nochmals eingegangen. Festzuhalten ist hier, daß der enge funktionale Zusammenhang zwischen Objekt und Verb bei der verbalen Kommunikation unter Belastung beachtet werden sollte.

Außerdem obliegt dem Verb im Satz eine gehirnaktivierende Funktion. Während die Verben die Aufmerksamkeit und Wachheit steigern, tragen die Adverbien zu ihrer Reduzierung bei. Sind Aufträge mit ausschmückenden Adverbien und auch Adjektiven besetzt, schläfern sie ein. Im Grenzbereich der Leistungsfähigkeit sind derartige Auswirkungen der Sprache zu beachten.

Angesprochen wurde bereits die **semantische Dimension** der Information. Hierbei handelt es sich um die Bedeutung eines Wortes oder eines Wortzusammenhanges. Vor allem Wörter, die dem Empfänger schon bekannt sind, kann dieser rasch in einen Zusammenhang stellen. Sein IHH wird dadurch weniger belastet. Führer sollten daher immer wieder auf bekannte Bedeutungsfelder in der Wortwahl achten. Überlastungsphasen machen sich bemerkbar, wenn außergewöhnliche Lagen zu vermitteln sind. Hier belastet nicht nur jedes Einzelwort den IHH, sondern es müssen auch Bedeutungszusammenhänge zwischen den neuen Begriffen hergestellt werden. Im Distressprofil kann es daher leicht zu Verwechslungen kommen. Trägt doch der Überlastzustand dazu bei, daß bei ähnlichen Begriffen dem bekannten der Vorzug gegeben wird. Aus Chlorethen wird dann z.B. Chlorgas, weil Chlorgas einen höheren Bekanntheitsgrad hat (Abb. 9).

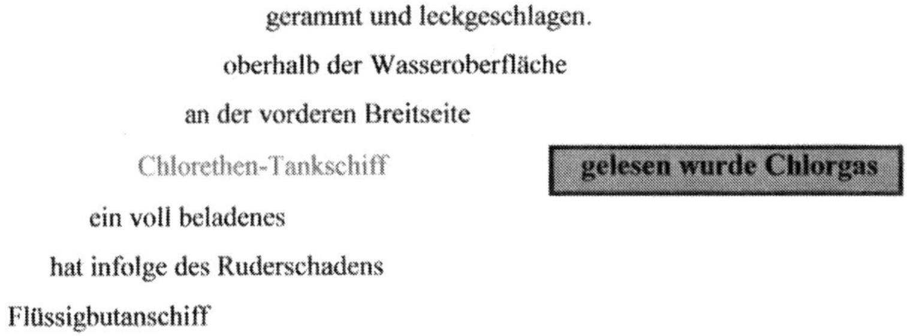

Abb. 9: Chlorethen wird während einer hohen Belastungsphase in einer Technishen Einsatzleitung als Chlorgas gelesen. Die anfallenden Rettungsmaßnahmen gehen in die falsche Richtung.

Begriffe mit ihren semantischen Feldern stehen mit anderen Begriffen und Erfahrungen in einem emotionalen Wirkungszusammenhang. Wörter der Berufs- und Alltagssprache werden irgendwann einmal gehört und dann mit ihrer Bedeutung und Anwendung gespeichert. Die Emotionen, die in diesem Zusammenhang auftreten, unterliegen ebenfalls der korrespondierenden Speicherung zwischen Objekt und Verb. So erhalten die einzelnen Begriffe ihre emotionale Bevorzugung oder ihre emotionale Ablehnung. Führungsschwierigkeiten ergeben sich aus den mit Aversionen belegten Begriffen. Sie stoßen im Kommando, Befehl und im Auftrag auf Ablehnung.

Halbherziges Verarbeiten und Befolgen stehen im Vordergrund. An dieser Stelle liegen versteckte Einsatz – Aversionen. Sind sie der Führung bekannt, läßt sich möglicherweise in kritischen Lagen die Aversion sprachlich entschärfen oder sogar umgehen.

In Abbildung 10 ist eine elektrodermale Reaktion auf den Begriff „Hinrichtung" zu sehen, der vom Probanden gelesen wurde (Markierung um 201). Reagiert wird mit massiven Veränderungen des Hautwiderstandes, die Ausdruck einer heftigen emotionalen Erregung und Abwehr sind. Das überrascht nicht, wenn bedacht wird, daß Hinrichtung in ihrem semantischen Feld mit Erschießen, Erhängen, Köpfen und Vergiften in Verbindung gebracht wird. Beim Hören aversiv besetzter Begriffe wird ähnlich reagiert.

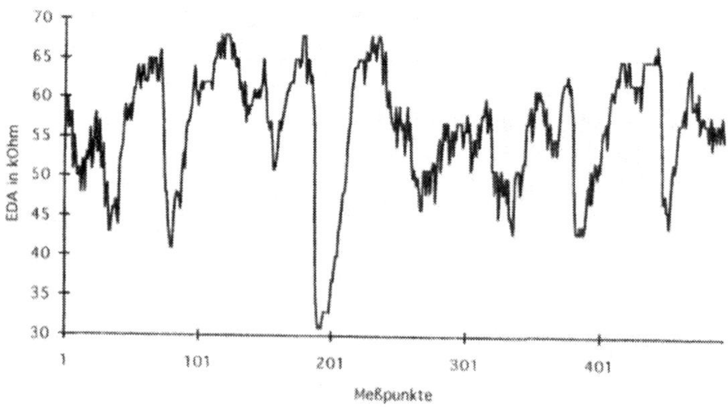

Abb. 10: Elektrodermale Reaktion beim Lesen von Begriffen gefährlichen Inhaltes.

Die aversiv besetzten semantischen Felder zeigen, daß die in einer verbalen Kommunikation benutzten Begriffe den dysfunktionalen Stress beachtlich steigern können. So ist es möglich, durch eine gezielt eingesetzte Sprache die Kommunikation im Stab nicht nur zu verbessern, sondern auch zu destabilisieren und die Kampfmoral zu beeinträchtigen.

Charakteristisch für die geschilderten psychozerebralen Operationen ist das Bedeutungsumfeld von Drill (Weismor 1991). Da Drill oftmals noch als Bestrafungsvorgang benutzt wird, ist der Begriff mit Aversionen belegt. Das Verständnis von Drill ist somit negativ belegt. Drill im Zusammenhang mit Überlebensmaßnahmen hat dagegen eine vollkommen andere semantische Tragweite. Drill wird jetzt zum Überlebensmechanismus in Extremlagen. Seine Bedeutung gewinnt an emotionalem Wert. Allerdings gelingt dies überzeugend nur, wenn nicht nur Aktionsdrill im Vordergrund steht, sondern auch der Perzeptions- und Kognitionsdrill. Eine überzeugende Überlebensfunktion hat Drill nur, wenn Wahrnehmen, Denken und Handeln gleichermaßen einsatznah gedrillt werden.

Die dritte Dimension der verbalen Information ist die **pragmatische**. Sie umfaßt das im Empfänger angetroffene Informationsrepertoire sowie die psychophysischen Voraussetzungen, um der eingetroffenen Sprachinformation gerecht zu werden. Ausbildung und Momentanzustand der IVA spielen hier eine entscheidende Rolle. So nützt selbst die nach allen vorgegebenen Informationsregeln aufgebaute Kommunikation dann nicht mehr wesentlich, wenn der oder die Empfänger bereits mit Überlastung kämpfen. Optimalwertige Dialoge sind daher unter den jeweiligen Ressourcenzustand von Sendern und Empfängern gleichermaßen zu führen.

(3.) Fehlerquellen in der visuellen Informationsverarbeitung

Einschränkungen unter Belastung finden sich auch in der visuellen Informationsaufnahme. Während die Grundlagen dazu bereits in vorangegangenen Abschnitten besprochen wurden, geht es hier nur noch um führungsspezifische Beispiele. Visuelle Einschränkungen des Gefechtsfeldes unter Belastungen führen dazu, daß z.B. Feindbewegungen nicht mehr rechtzeitig erkannt werden. Dabei ist die visuelle Peripherie störanfälliger als der zentrale Bereich. Feindbewegungen von rechts oder links werden im Gefechtseinsatz in einer hohen Belastungsstufe oftmals sehr spät oder nicht mehr bemerkt. Dieser Zustand verstärkt sich zunehmend, wenn im Gefechtsstand starker Gesprächs- oder Gefechtslärm zu hören ist. Dadurch binden sich Ressourcen, die für die Beobachtung nicht mehr zur Verfügung stehen. Erkennen eines Bildschirminhaltes oder Beobachten eines Geländes sind unter Gefechtslärm beeinträchtigt. Zur Aufrechterhaltung einer leistungsfähigen Lagewahrnehmung ist die Belastungfähigkeit unter Gefechtslärm ständig zu erproben. Auch Überschießen des Stabes oder Gefechtsstandes wäre hier ratsam.

Eine weitere Schwachstelle ist - neben der bereits erwähnten Peripherie - die Erkennung von Details bzw. kleinen Objekten. So ist ein Panzer bei hohem Belastungszustand noch ohne weiteres zu erkennen, ein gut getarnter feindlicher Soldat aber ist normalerweise nur noch mit Mühe oder überhaupt nicht mehr auszumachen. Routinierte Beobachter, die die nötigen visuellen Beobachtungsstrategien gelernt haben, können unter diesen Umständen auch noch Kleinigkeiten erkennen. Solche Fähigkeiten lassen sich fördern, wenn in Ausbildung und Übungen während der Beobachtung des Gefechtsfeldes gleichzeitig Lärm und Sprache verarbeitet werden müssen. Doppelaufgaben erhöhen die Belastungsfähigkeit der Informationsaufnahme und -verarbeitung.

Eine weitere Schwachstelle der visuellen Informationsaufnahme und –verarbeitung ist das rasche Selektieren und Erkennen von Bildschirmdarstellungen und das Lesen von Karten. Auch hier spielt die Gegenwartsdauer eine einschneidende Rolle. Das ist aus Abbildung 11 ersichtlich. So ist es ein beachtlicher Unterschied, ob auf einen Blick noch alle fünf Aufgabenabschnitte erkannt und behalten werden können oder nur noch zwei bis drei. Dauerndes Hinsehen auf die Karte bei der Auftragserteilung kostet Zeit. ebenso kostet

es Zeit, wenn im Einsatz die Karte als „cognitive map“ nicht im Kopf des Führers verfügbar ist.
Führen unter IT- Bedingungen ist auf die Güte der Informationsdarstellungen auf den Bildschirmen angewiesen. Dieses weite Feld unterliegt ebenfalls der informationellen Gestaltung wie sie hier angesprochen ist. Zur Anwendung kommen die gleichen Prinzipien und Regeln. Allerdings kann in dieser Arbeit nicht weiter darauf eingegangen werden.

Abb. 11: Karte mit Aufgabenabschnitten eines Spähtrupps (n. HA-Abt.II 1(2), 1985, 36.

(4.) „Schrotschußverhalten“

Unter „Schrotschußverhalten“ in der Führung ist ein Redeschwall zu verstehen, der sich allmählich oder auch plötzlich bemerkbar machen kann. Die Kapazitätsgrenze ist erreicht, die Übersicht geht verloren. Die „logische Reaktion“ besteht jetzt darin, mit vielen Worten die Wahrscheinlichkeit zu erhöhen, daß sich die Führungsanweisungen noch durchsetzen, also ein Zufallstreffer angebracht werden kann. Das Phänomen zeigt sich auch im Alltag. Je mehr man den Eindruck gewinnt, daß die Zuhörer nicht mehr bei der Sache sind, um so mehr wird geredet. Inzwischen ist allerdings in solchen Situationen nicht mehr zu fragen, wie viel Information wird benötigt, sondern wie wenig.

Das „Schrotschußverhalten“ tritt auch im Umgang mit Geräten und Waffensystemen auf. Geht die Übersicht in einer Notlage verloren, wird der Bediener hektisch. Die Zugriffe auf das System nehmen in der Hoffnung zu, doch noch den richtigen Griff anbringen zu können, da sich so die Wahrscheinlich des "Glückstreffers" erhöht. Dies kann fatale Folgen haben.

Beide Phänomene sind Symptome, die eine drohende Überforderung anzeigen. Die Erhöhung der Aktionsgeschwindigkeit erhöht wiederum gleichzeitig die Belastung der IVA. Damit bindet dieser Vorgang im IHH je nach Ausführungsgeschwindigkeit zunehmend Ressourcen. Die Reserve der IVA wird somit reduziert. Zu verzeichnen ist damit ein Doppeleffekt. Hohe Informationsbelastung führt zum „Schrotschußverhalten“ und dieses reduziert zusätzlich den schon mageren IHH. Diese Streßspirale läßt sich nur stoppen, wenn der Betroffene aus der Belastung herausgenommen wird. In einem laufenden Gefecht ist dies nicht möglich. Daher sollte so ausgebildet werden, daß der genannte Zustand nicht oder erst sehr spät eintritt.

(5.) Spezielle Einbrüche in den kognitiven Operationen

Kognitive Leistungen beruhen auf der Kontinuität der Informationsverarbeitung. Fehler und Leistungseinbußen können durch sog. „Lakunen“ entstehen. Das sind Informationslöcher oder nur bruchstückhaft vorhandene und verarbeitete Informationen über eine Lage. Daher ist es nicht überraschend, daß die IVA bei Überlastungen in Mitleidenschaft gezogen sind. Das Spektrum der Leistungseinbußen reicht von fehlerhaften einfachen Additionsaufgaben bis zu Falschbewertungen von Lagen. Da Gefahren dann meistens nicht mehr eindeutig identifiziert und bewertet werden können, nehmen falsche Entscheidungen zu. Die Führer entfernen sich zunehmend von der Lage; sie leben nicht mehr in der Lage. Die Entscheidungen sind lageunangemessen. Dies hängt zusammen mit kognitiven Funktionen des **Vorauskalkulierens und Bewertens von Lagen**. Beide Funktionen sind sehr belastungssensibel. Die Führungsleistung geht zurück. Konsequenzen liegen dann z.B. in der Ignorierung von Gefahren, in der Tabuisierung der Kampfkraft des Feindes und der näherrückenden Bedrohungen sowie der Maskierung von Nachrichten über die Feindlage.

Entscheidungsschwierigkeiten sind im Stab nicht immer sofort feststellbar. Sie lassen sich kaschieren. Vorgeschoben wird oftmals die gründliche Recherche, um mehr Daten über den Gegner verfügbar zu haben. So kann leicht ein „Datenfriedhof“ entstehen. Die alte militärische Regel, bei Entscheidungsschwierigkeiten eine Entscheidung unbedingt herbeizuführen, damit sich die Lage bewegt, hat sich oftmals bewährt. Ist doch das Distressprofil durch Entscheidungsverzug im Stab höher als das Distressprofil, das durch eine möglicherweise fehlerhafte Entscheidung zustande kommt.

Die Entscheidungsschwierigkeiten im Stab sitzen in den Hirnen einzelner Mitarbeiter. Diese wirken auch in Stresssituationen häufig noch relativ ruhig. Ihr Verhalten ist kaum mit

Distresssymptomen belegt. Zu denken wäre hier an Herzklopfen, Schwitzen, trockener Mund, unruhige Bewegungen und gespannte Mimik. Nachzuweisen sind aber dysfunktionale Stressvorgänge durch EEG-Ableitungen. Distress läßt sich so bereits im Anfangsstadium messen (Ungerer/Morgenroth 2001). Während des Führungsprozesses sind die Auswirkungen eines psychozerebralen Distresses besonders risikoreich, weil der Betroffene noch nichts von den klassischen Distresssymptomen spürt. Er wird behaupten, daß er keinen Distress habe. Daher läßt sich die hier besprochene kognitive Überlastung nur an den Auswirkungen erkennen. Man muß sich im Stab recht gut kennen, um überlastete Führer und deren Mitarbeiten an ihren Symptomen zu erkennen (Kap. 3.2). Meldungen verstecken, um durch Überspringen von Informationen den Lageanschluß wieder zu gewinnen und immer häufiger nach den Vorschriften fragen, um die innere Sicherheit zu stabilisieren, sind ebenfalls Vorwarnsymptome. Vor allem die Tabuisierung und Ignorierung von feindlichen Bedrohungen können fatale Folgen haben. Feindbewegungen und drohende Angriffe läßt das überforderte Hirn nicht mehr zu. Der Gegner wird erst wahrgenommen, wenn er bereits im Gefechtsstand steht. Da terroristische Attacken bevorzugt auf Informations- und Führungszentren gerichtet sind (Ungerer 2002), müssen rechtzeitig Abwehrmaßnahmen eingeleitet werden. Dazu sind Analysen terroristischer Angriffe erforderlich, die auch deren Bewertung durch uns einbeziehen. So lagen in den letzten Jahren umfangreiche Informationen über terroristische Handlungen vor; allerdings wurden diese teilweise falsch ausgewertet.

(6.) Taktische Verarmung

Die taktische Verarmung ist ein weiteres Symptom einer überlasteten Führung. Aufschlußreich ist die Beobachtung, daß mit zunehmender Führungsbelastung die **Auftragstak-**

tik immer mehr der **Befehlstaktik** weicht. Die Gründe liegen an zwei Stellen. Erstens läßt sich befehlstaktisch leichter führen, zweitens sind die auftragstaktischen Verfahren noch nicht weit genug verinnerlicht, um sie routiniert auch noch unter besonderen Belastungen einsetzen zu können.
Mit abnehmenden Ressourcen werden führungstaktische Maßnahmen mit ihren Varianten nicht mehr erinnert. Das Auswahlspektrum wird kleiner. Hinzu kommen noch weitere Einschränkungen bei neu erlernten takttischen Maßnahmen, da diese störanfälliger sind. Unter Distress sind sie nicht mehr rasch erinnerbar.
Der neuralgische Führungszustand ist dann gegeben, wenn auf eine Lage, die vorher für unmöglich gehalten wurde, also eine außergewöhnliche Lage (Kap. 4,7), mit den bekannten und beherrschten taktischen Maßnahmen reagiert wird, auch wenn diese mittlerweile lageunangemessen sind.

(7.) Mißachtung der Menschenrechte

Bemerkenswert ist die abnehmende Beachtung der Menschenrechte bei zunehmender Belastung. So achtet z.B. ein Zugführer in der Ausbildung nach einer längeren Belastungsphase von etwa 10 Stunden kaum noch auf die Einhaltung der Menschenrechte bei der Behandlung von Gefangenen. Zu Beginn der Belastungsphase werden die Bestimmungen zur Beachtung der Menschenrechte dagegen eher eingehalten (Ungerer 1997 b).
Menschenrechtsverletzungen entstehen meistens aus einer Distressphase heraus. Solche Verletzungen tauchen nicht plötzlich auf. Sie haben ihre Ursachen - neben weltanschaulichen Wurzeln - in akuten, aber vor allem in chronischen Überforderungen. Die Menschenrechtsverletzungen sind Signale dafür, daß die einschlägigen Bestimmungen nicht nur unzulänglich verarbeitet, sondern oftmals auch nicht bekannt sind. Das ist ein Ausbildungsdefizit.

Führer erteilen in solchen belastungskritischen Zuständen nicht selten Befehle und Aufträge, die zwar Menschenrechtsverletzungen auslösen könnten, aber von diesen nicht mehr bewußt als solche registriert werden.

(8.) Mentales Fremdgehen

Unter mentalem Fremdgehen ist ein Vorgang zu verstehen, der sich durch folgende Symptome beim einzelnen bemerkbar macht:
Mit zunehmender dysunktionaler Belastung drängen sich unkontrolliert Gedanken auf, die mit dem Auftrag nichts zu tun haben. Die laufende Aufgabenbewältigung erhält gewissermaßen ungewollte Flankeninformation. Das sind in der Regel angenehme Gedanken, die von wohltuenden Gefühlen begleitet sind. Die Ursache dafür liegt in einer akuten Überbeanspruchung. Wir weichen der vorhandenen oder drohenden Belastung aus, um uns zu regenerieren. Das ist zwar ein durchaus sinnvoller Coping-Effekt, um Distress zu reduzieren; in einer akuten Gefechtsbelastung ist dies aber nicht ratsam. Die Flankeninformation besetzt den IHH, so daß führungswichtige Information nicht mehr verarbeitet werden kann.
Das mentale Fremdgehen drückt sich durch geistige Abwesenheit aus. Seine handgreifliche Umsetzung erhält es durch das sog. physische Fremdgehen. Das ist ein Phänomen, das vor allem bei Stäben auftaucht, die ihr Führungshandwerk nicht einwandfrei beherrschen. So trennen sich Mitglieder eines Stabes von ihren Aufgaben, indem sie sich vom Gefechtsstand oder Stabsgebäude entfernen. Sie verschwinden einfach, und zwar länger als es ein Toilettengang erlaubt. Die akute Überlast drängt zur Flucht aus dem Aufgabengebiet.
Ein Vorwarnsymptom dazu ist die zunehmende Nebentätigkeit. So weitet der einzelne seine Tätigkeiten über das ihm zugeschriebene Aufgabenfeld hinaus aus. Er ist überall und

nirgends, will alles selbst bewerkstelligen. Das ihm ursprünglich zugeschriebene Aufgabenfeld wird kaum noch wahrgenommen. Die „Pseudo-Vielseitigkeit“ schafft eine Alibifunktion für die akute Überlast in der zugewiesenen Aufgabe.

(9.) Führungsreserven schwinden

Die bisher besprochenen Einbrüche bei Führungspersonal drücken sich durch ein zunehmendes Kreisen um sich selbst aus. Der Führer kümmert sich immer weniger um seine Soldaten; er „dreht“ sich nur noch um sich selbst. Meistens kommt ein solches Überlastverhalten in den Einzelkämpferlehrgängen und beim Überlebenstraining zum Vorschein. Die Vernachlässigung der Führungsaufgaben nimmt hier oftmals überhand. Selbst die eigene Waffe wird nicht mehr beachtet. Kleidung, Körperhygiene und Nahrungsaufnahme leiden ebenfalls darunter. Einzelne kämpfen mehr mit sich selbst als mit den gestellten Aufgaben. Die Führung funktioniert nicht mehr. Der deutsche Einzelkämpferlehrgang I und erst recht II sind besondere „Assessment-Schleusen“, um individuelle Führungsfähigkeit unter Belastung zu erkennen. Rasch wird in diesen Lehrgängen deutlich, ob das Führungsinstrumentarium für das Führen unter hohen Belastungen vollauf entwickelt und beherrscht wird. Daher sollte mindestens die Einzelkämpferausbildung I für jeden Offizier laufbahnobligatorisch sein.

(10.) Führen und Informationstechnologie

Führen in elektronisch vernetzten Gefechtsszenarien entwikkelt sich zu einem neuen Belastungsfeld mit einer besonderen Distressgenerierung. Das wurde bereits mehrmals angedeutet. Die speziellen Nischen dysfunktionaler Stressentstehung liegen vor allem in der durch die elektronische Vernetzung möglichen Informationsflut. So sorgt die hohe Informationsdichte pro Zeiteinheit für Dauerbeanspruchungen. Die Schnelligkeit des fortlaufenden Informationsangebotes und die Schnelligkeit des Auftretens unerwarteter Ereignisse können die schon angesprochene Divergenz zwischen dem Gefechtsfeld und der Aktualinformation im IHH früher als ohne Informationssysteme auslösen. Im einzelnen sieht dies folgendermaßen aus:

1. Durch ein Überangebot an elektronisch herbeigeschaffter Information entsteht eine Überlast. Diese führt dazu, daß die Prospektivinformation, also jene Information, die eine Vorauskalkulation der Lageentwicklung ermöglicht, schwindet. Dadurch ist der Führer nur der Aktualinformation ausgeliefert.
2. Die Aktualinformation strömt weiter auf den Führenden ein. In diesem Zustand erhöht sich die Voraussetzung, daß eine Informationsdivergenz zwischen Lageinformation und IHH hergestellt wird. Der betroffene Führer versucht nun das Informations – Defizit zu beseitigen. Dies geschieht durch Erhöhung des Arbeitstempos. Er setzt sich selbst unter Zeitdruck und beschafft sich noch mehr Information. Allerdings führt dieses Verfahren dazu, daß das Distressprofil weiter zunimmt. Daher kann er den Anschluß an die Lageinformation nicht mehr herstellen, er **riskiert Informationslücken**. Die aktuelle Lageinformation wird schließlich einfach ignoriert.
3. Der Zustand mündet in eine Distressprogression, die in diesem Stadium nicht mehr zu unterbrechen ist.

Die Distressprogression beginnt bereits mit dem Einbrechen der mentalen Fähigkeit, Prospektivinformation über die Lage zu entwickeln. Dadurch wird der Informationsvorsprung eingebüßt, der das Führen von vorne unter HighTech-Bedingungen ermöglicht. Die Führer werden jetzt von der Lage beherrscht, sie beherrschen nicht mehr die Lage.

Dieser Verlauf wird zusätzlich noch intensiviert, wenn die Fähigkeiten des Selektierens, des Klassifizierens und des Aggregierens von Information nicht genügend entwickelt

worden sind. Außerdem fehlt die Fähigkeit, aus dem Informationsangebot die nötige **Schlüsselinformation** zu filtern. Vor allem wenn diese Fähigkeiten nicht gründlich ausgebildet und unter hohen Belastungen nicht gedrillt wurden, sind Führer den anfallenden Informationsströmen nicht gewachsen.
Eine weitere Schwachstelle der Führung mit elektronischen Mitteln liegt in den informationstechnischen Systemen selbst. Diese sollten **gehirnkompatibel** entwickelt sein. Sie müssen nicht nur leicht handhabbar sein, sondern auch der IVA der Führer entgegenkommen. Das ist bisher nicht der Fall. Bildschirmdarstellungen und die dort dargebotene Information sind häufig immer noch gehirninkompatibel. Die ergonomische Gestaltung der Arbeitsplätze von Führern enthält noch zu viele dysfunktionale Elemente.
Außerdem muß der Führer in zukünftigen Gefechtsszenarien auch ohne elektronische Hilfsmittel führen können. So sind zwar elektronische Führungssysteme inzwischen unverzichtbar geworden, die Führung mit herkömmlichen Mitteln muß jedoch für den Fall der Nichtverfügbarkeit dieser Systeme gewährleistet sein.
Führungsfähigkeit hat mit der Nutzung elektronischer Hilfsmittel zunächst nichts zu tun. Führungsfähigkeit mißt sich an der Handhabung der Lageinformation und damit an der Operationsfähigkeit der „Führungs-Gehirne“. Aufnahme von Information, Herstellen entscheidungsverfügbarer Information sowie deren Weitergabe sind auf die psychozerebralen Daten und Funktionen unseres Hirns angewiesen. Die Informationstechnologie kann uns davon nicht entlasten.

(11.) Verantwortung

Verantwortung ist ein Eckpfeiler von Führung. Allerdings ist dieser Eckpfeiler nicht immer stabil genug, um hohen Führungsbelastungen standzuhalten. In kritischen Lagen wird Verantwortung oftmals abgegeben, sie wird delegiert, sie wird an die Informationsgeber, z.B. an die elektronischen

Systeme abgegeben. So entstehen Hochstresslagen ohne Führungsverantwortung. Hat eine Lage z.B. negative Folgen, werden überall Verantwortliche gesucht.
Verantwortung ist an den IUS gebunden. Sie reicht so weit wie die Informationsbeschaffung reicht, und sie wirkt so weit wie sich der Wirkungsradius der abgegebenen Information erstreckt. Je mehr der einzelne Führer die Informationshandhabung beherrscht, um so mehr ist er in der Regel gewillt, die Verantwortung über den laufenden Informationseinsatz zu übernehmen. Wer das Gefechtsfeld beherrscht und **in der Lage lebt**, der übernimmt auch die Verantwortung dafür. Dies gilt gleichermaßen auch für das Führen mit elektronischen Hilfsmitteln. Aufgrund der genannten Mechanismen droht hier allerdings die Gefahr, daß die Verantwortung entgleitet. Die Führung versteckt sich dann hinter der Elektronik. Verantwortung kann nur über Vorgänge übernommen werden, die vom Führenden **entscheidungsverfügbar** gehandhabt werden können und so seiner **Bewertung** unterliegen. Nur dafür trägt er die volle Verantwortung. Zur eigenen Verantwortung in höchster Bedrohung zu stehen, zeichnet den herausragenden Führer aus.

3.4 Führungsverhalten unter Bedrohungsbewertungen

(0.) Das Symptomspektrum

Hier sei nochmals daran erinnert, daß die subjektive Bewertung einer Lage von ausschlaggebender Tragweite für die Entstehung von Distress ist. Entsprechend bewertet, wird Informationsüberlast als Bedrohung empfunden wird. Das zeigt sich durch folgende Symptome und Äußerungen:

- noch nie gesehen;
- das schaffe ich nicht;

- wo führt dies hin;
- können wir nicht bewältigen;
- Führer wirkt nicht mehr überzeugend;
- Führer ist verzagt.

Im Kapitel 3.1 wurde bereits die Tragweite der subjektiven Bewertung einer Lage angesprochen. So lösen die unterschiedlichen Bewertungen einer Bedrohung spezielle Zustände aus, die vom Bewältigen einer Lage bis zum Versagen reichen. Vor allem Gedanken, die Bedrohungen geradezu implizieren, lösen dysfunktionale Stressverläufe aus. Dazu sollen einige Bewertungsfälle herangezogen und kurz besprochen werden.

(1.) Noch nie gesehen

Diese Äußerung drückt zuerst einmal aus, daß dem Führer die Lage nicht bekannt ist. Sie ist außergewöhnlich und enthält aufgrund ihres Unbekanntheitsgrades massive Unsicherheiten. Die Bewältigung der Lage steht in Frage. Dies löst Distress aus.
Ursachen dieser Bewertungsaussage liegen in seiner Erfahrung während der Ausbildung. Bewältigungserfahrungen über eine ähnliche Lage hätten andere Bewertungsmaßstäbe gesetzt. Allerdings ist es unrealistisch, daß jeder Führer schon umfassende Erfahrungen über viele Lagen gesammelt hat. Zu verlangen ist jedoch, daß er sich in der Ausbildung ein weites Lagespektrum aneignet, das auch Extremlagen und außergewöhnliche Lagen umfaßt.

(2.) Das schaffe ich nicht

Der Hintergrund dieser Bedrohungsäußerung signalisiert zuerst Überforderung, dann Hilflosigkeit. Dieser Zustand ist bei Mängeln in der Erziehung und Ausbildung geradezu angelernt. Es drückt sich aber auch der bekannte Selbst-

zweifel aus, der in Stäben zum Problemfall werden kann. Die ständigen Nachkorrekturen und Nörgeleien tragen zu einer Führungsunterstützung kaum noch bei. Hilflosigkeit und Selbstzweifel binden Ressourcen bei Führern.
Zu fragen ist daher nach dem Ausbildungsverlauf und nach der Ausbildungsphilosophie. Außerdem spielt die akute Grundhaltung des gesamten Stabes eine ausschlaggebende Rolle. Verzagtheit wird innerhalb des Stabes oftmals geradezu gefördert, wenn einer damit angefangen hat.

(3.) Wo führt dies hin?

Dieser Ausdruck signalisiert ein Vakuum in der Lagebeurteilung. Die Lageentwicklung ist unklar. Dafür sind zwei Ursachen verantwortlich. Mit einem schwindenden IHH schwinden auch die Reserven, die Lage noch vorauskalkulieren zu können. Die zweite Ursache ist mangelnde Erfahrung im Umgang mit außergewöhnlichen Lagen. Beide Ursachen können durch eine einsatznahe Ausbildung und durch Führungskräftetraining abgeschwächt oder sogar beseitigt werden.
Außerdem wirkt diese Formulierung auch in ihrer rhethorischen Bedeutung auf die Soldaten demoralisierend. Verbunden damit sind auch Bemerkungen der Führung wie z.B. „Können wir nicht mehr bewältigen". Der Führende wirkt nicht mehr überzeugend. Er kann sogar verzagt sein. Die Unsicherheit des Führers kann eine emotionale Resonanz erzeugen, die sich mindernd auf die Kampfkraft auswirkt.

(4.) Aufträge, Kommandos, Befehle

Ein weiteres Symptom für eine nicht geglückte Bedrohungsbewertung ist eine unklare Sprache. Satzverschachtelungen, unklare Begriffe, Sonderbegriffe und semantische Verwässerungen sind Anzeichen für eine abgeschwächte oder sich auflösende Führungskonzeption. Der Führende versteckt sich hinter der vorgebenen Unklarheit, kaschiert die Lage und verschafft sich so eine Alibifunktion. Unklare Führungssprache drückt Führungsunfähigkeit aus und darüber hinaus die Absicht, sich aus der Verantwortung zu nehmen. Sprache mit einem hohen Bedeutungs – Überschuß trägt zusätzlich dazu bei, daß bei Führungsfehlern alles hineininterpretiert werden kann. **Unklare Sprache dient so als verbeugender Führungsschutz**. Dieser Mechanismus kostet u.U. Menschenleben. Er ist zu verwerfen.

3.5 Führungsverhalten unter Informationsentzug

(0.) Das Symptomspektrum

Der Informationsentzug ist schwieriger als die Informationsüberlast zu handhaben. Für ihn stehen noch wenig Ausbildungsverfahren zur Verfügung. Ist doch die Ungewißheit ein psychischer Zustand, der durch eine defizitäre Informationssituation ausgelöst wird, und daher verunsichernd wirkt.
Informationsentzug entsteht durch Nichtvorhandensein von Information, die unbedingt benötigt wird. Die IVA arbeitet normal, der IHH ist vollständig. Dadurch sind zwar recht gute psychozerebrale Vorausetzungen für eine Lagebewältigung geschaffen, es gibt aber nichts zu bewältigen. Zu bewältigen ist nur die Leere. Dieser Zustand ist daher bei nicht entsprechend ausgebildeten Führern unerträglich.
Informationsentzug kann sich folgendermaßen äußern:

- nicht wissen, was los ist;
- Leere des Gefechtsfeldes;
- unklare Lage;
- Feindentzug;
- feindliche Bewaffnung nicht bekannt;
- Informationsdefizit innerhalb des Stabes;

- Führungsentzug, Entscheidungsentzug, z.B. der Führung enthoben;
- zur Untätigkeit verurteilt, angeordneter, lagebedingter Kampfentzug durch die Rules of Engagement (ROE).

Die Beispiele reichen aus, um das Belastungsfeld aufzuzeigen. Einige Segmente sind nachstehend zu vertiefen.

(1.) Leere des Gefechtsfeldes

Die Leere des Gefechtsfeldes ist eine typische militärische Formulierung. Sie drückt aus, daß zwar der Feind überall versteckt sein kann, er wird jedoch von den eigenen Kräften nicht aufgespürt. Gefahr lauert überall. Seine Anwesenheit und seine Blitzaktionen sind verdeckt. Nur die Resulate, nämlich die Verwundeten und Gefallenen, dokumentieren seine Präsenz. Ein Gegenangriff, eine Vergeltung, sind nicht durchführbar, weil der Feind nicht lokalisiert ist.
Jagdkommandos, Patrouillen und Spähtrupps haben sich mit diesem Lagezustand auseinanderzusetzen. Die Abwesenheit verunsichert. Zu führen sind Soldaten in einem leeren Gefechtsfeld. Führung und Mannschaft stochern im Nebel. Phantasieprodukte, Parolen u.ä. machen sich breit. Eine klare Gefechtslage ist auch bei massiver Feindeinwirkung oftmals leichter durchzustehen, als eine mehrere Tage andauernde Gefechtsfeldleere.

(2.) Unklare Lage

Nicht wissen, was los ist, verbindet sich meistens mit einer unklaren Lage. So ist in diesem Falle die Stärke des Gegners nicht bekannt. Außerdem ist seine Bewaffnung nicht geklärt. Gesteigert wird das Prekäre einer solchen Lage noch, wenn Gerüchte auftauchen, man habe es möglicherweise mit einem gegenüberliegenden Eliteverband zu tun.

Ungewißheit über die Lage ist auch innerhalb von Stäben eine distresssteigernde Ursache. Die Wahrscheinlichkeit, unter Informationsentzug zu geraten, ist beim Führen mit elektronischen Hilfsmitteln weitaus höher als beim Führen mit den traditionellen Verfahren und Methoden. Defizitäre Information über eine Lage trägt dazu bei, daß bei wichtigen Entscheidungen die Angehörigen eines Stabes aneinander vorbeireden.

Nicht wissen, was los ist, ist auch bei nicht-militärischen Einsatzkräften distressauslösend. Das zeigt sich bei Spezialeinsatzkommandos der Polizei, wenn diesen das Täterprofil und die Bewaffnung nicht bekannt sind. Ähnliches läßt sich bei der Feuerwehr feststellen. Ist nicht bekannt, was im Brandobjekt brennt, steigt bereits während der Einsatzfahrt das Distressprofil. Dies gilt vor allem dann, wenn chemische Substanzen als Brandursachen vermutet werden.

Zur weiteren Klärung des psychischen Zustandes von Betroffenen sei eine zivilberufliche Situation angeführt. Man ist in einer wichtigen Sitzung, alle haben die notwendigen Unterlagen, nur man selbst hat diese nicht. In diesem Falle entwickelt sich eine unangenehme Situation. Dem Betroffenen die Unterlagen vorzuenthalten, ist ein beliebter Mobbing-Mechanismus.

Der etwas einfache Hinweis, sich Information zu beschaffen, um den Entzug zu beseitigen, ist zwar richtig, hilft aber in der Regel nicht weiter. Die Entzugslagen sind meistens so, daß Informationen sich auch mit elektronischen Hilfsmitteln nicht immer beschaffen lassen.

(3.) Feindentzug

Kampftruppen sind in ihrer Ausbildung und im Einsatz auf den Feind ausgerichtet, um diesen zu bekämpfen. Wird dieses Zielobjekt im Kampfeinsatz plötzlich weggenommen, entstehen meistens heftige „Entzugserscheinungen“. Rasche Umstellungen durch Heimaturlaub oder Friedensverhandlungen lassen die Bedürfnislage der Soldaten deutlich erkennen. Das Kampfbedürfnis, das möglicherweise über Jahre gepflegt wurde, läßt sich nicht so rasch beseitigen. Frustrationen nehmen zu. Unzufriedenheit in der Truppe bis zur Gewalt häufen sich. Der Grundmechanismus liegt in der plötzlichen und auch unerwarteten Umstellung. Ein allmähliches Ausbremsen wäre hier angebrachter.

Eine besondere Variante des Informationsentzuges ist das Untätigsein in einem Operationsgebiet, in dem ringsherum Unruhe herrscht und fortlaufend z.B. gegen Menschenrechte verstoßen wird. Menschen werden umgebracht, aber keiner weiß von wem. Ortschaften werden zerstört, die Infrastruktur einer Region ist ruiniert, aber die Täter sind nicht als Personen bekannt und können daher nicht zur Verantwortung gezogen werden. Oftmals verhindern auch die Rules of Engagement ein Eingreifen durch die Soldaten. Der Täterentzug wird so als **angeordnete Hilflosigkeit** empfunden. Dies kann psychische Folgewirkungen bis zur Traumatisierung auslösen (Kap. 6.1).

(4.) Führungsentzug

Eine weitere Variante des Informationsentzuges ist der Führungsentzug. Kommandoenthebung u.ä. sind damit gemeint. Eine Führungsenthebung während eines Einsatzes oder vor einem Einsatz kann für die Truppe und für den betroffenen Führer beachtliche Nachteile haben. Nicht zu verwechseln sind an dieser Stelle solche Kommandoenthebungen, die durch Führungsfehler oder Führungsversagen zustande kommen.

Führungsentzug, Funktionsentzug, rapider Wechsel in den Verwendungen lösen Wirkungen aus, die mit der Fähigkeit zur Flexibilität nicht spurlos auszuräumen sind. Ähnliches gilt für „job rotation“. In den genannten Fällen ist zu prüfen, ob akute Lageentwicklungen die angesprochenen Veränderungen angemessen zulassen. Führung über einen nur kurzen

Zeitraum, Kommandoentzug und Verwendungswechsel können die Kampfkraft mindern. In außergewöhnlichen und extremen Lagen ist nur eine eingespielte Truppe erfolgreich.

3.6 Führungsverhalten unter Ungewissheits-Bewertungen

(0.) Das Symptomspektrum

Informationsentzug ist mit Ungewißheit verbunden. Daher entsteht in solchen Lagen oftmals Angst oder Furcht vor der Leere und der Ungewißheit. Darüber hinaus sind folgende Varianten des Führungsverhaltens zu beobachten:

- Einsamkeitsgefühle;
- Entscheidungszweifel;
- Anerkennungsvakuum, sozialer Entzug;
- Leerlaufphänomene;
- Abstellgleisgefühle;
- Verlustgefühle;
- Entzug des politischen Einsatzhintergrundes.

Diese Beispiele zeigen, daß Ungewißheits-Bewertungen nicht leicht unter Kontrolle zu bekommen sind. Daher seien noch einige weitergehende Beschreibungen ausgewählter Zustände angeführt.

(1.) Einsamkeitsgefühle

Möglicherweise ist unser Vorausdenken deshalb so belastungsanfällig und unterentwickelt, weil wir für die Ereignisse, die auf uns zukommen, die Verantwortung nicht übernehmen wollen. Die Verantwortung für eine Entscheidung, deren Auswirkungen sich erst in naher oder ferner Zukunft zeigen, muß der einzelne Führer selbst übernehmen. Er

begibt sich somit in die **Einsamkeit der individuellen Verantwortung**. Verantwortung und Entscheidung nimmt ihm niemand ab. Diese Einsamkeit spürt der Führer. Er muß mit ihr fertig werden. Mut und Zuversicht können ihn stützen. Voraussetzung dazu sind intakte und distressresistente Informationsumsätze und eine präzis postulierte **Einsatzethik**.
Die Einsamkeit des Führers ist nicht mit **Verlassenheit** zu verwechseln. Verlassenheit befällt den Führer, wenn seine Übersicht verloren geht, die Kontakte zur sozialen Umwelt und zur eigenen Vergangenheit schwinden. Verlassenheitsgefühle treten in der Führung meistens dann auf, wenn sich der einzelne Führer so vorkommt, als ob ihn seine Soldaten ignorierten, sich von ihm absetzten. Damit ist aber gesagt, daß er den Eindruck hat, sein Stab, seine Soldaten haben ihn verlassen. Verbunden sind solche Verlassenheitsgefühle in der Regel mit einer **Vertrauenskrise**, die sich in einem Stab oftmals über längere Zeit anbahnt.
Das unerläßliche Einsamkeitsgefühl dagegen beruht auf einer wohl fundierten Vertrauensbasis, das Verlassenheitsgefühl dagegen auf einem zerklüfteten und zerbrochenen Vertrauen.

(2.) Abstellgleis

In Kapitel 3.1 wurde von Entzugserscheinungen gesprochen. Die subjektive Bewertung dieser Entzugszustände bedingen Gefühle, die als Leerlauf und Abstellgleis empfunden werden. Der Führer fühlt sich unnütz. Hilflosigkeit und Verzagtheit machen sich breit. Sie verbinden sich oftmals mit einer depressiven Grundstimmung. Diese ruft emotionale Resonanzen hervor, wodurch die Kampfmoral beeinträchtigt wird. Mut und Zuversicht werden zu seltenen Ereignissen.
Während eines Einsatzes oder kurz davor sind daher Vorgänge, die einen Entzug auslösen können, zu unterlassen.

Die Einsatzmoral leidet darunter, die psychische Verletzbarkeit erhöht sich.

(3.) Strohhalmeffekt

Ungewißheit drückt sich dadurch aus, daß eine Zielleere vorherrscht. Die sich daraus verbreitende innere Unruhe stört nicht nur das Befinden, sondern aktiviert zur Aufhebung der empfundenen Leere. Daher wird in kritischen Situationen alles aufgegriffen, was dazu beitragen kann, die Ungewißheit zu reduzieren. Aus diesem kognitiv - emotionalen Zustand heraus ergeben sich oftmals falsche Angriffsziele, die als Zielersatz fungieren. Wesentlich ist es für den Führer, daß sein Zustand der Ungewißheit durch den Angriff schwindet. Er klammert sich am psychischen Strohalm fest (Kap. 2.6 und 3.1).

Ein weiterer, aber schwerwiegenderer psychischer Klammereffekt ist das oftmals übersteigerte Festhalten an Bestimmungen, Anordnungen und Vorschriften. Ein verunsicherter Stab oder ein einzelner Entscheidungsträger in diesem Stab bemüht die Dienstvorschriften als vermeintliche psychische Sicherung und bürokratische Absicherung, um sich selbst aus der Verantwortung zu nehmen.

Als die bosnisch-serbische Infanterie kurz vor Srebrenica stand, wurden von der Führung der dort stationierten VN-Truppen beim UN-Hauptquartier NATO-Flugzeuge angefordert, um die Angreifer von der Stadt fernzuhalten. Der Angriffsbefehl wurde nicht gegeben. Der Grund: Der Operationschef für Lufteinsätze teilte den eingeschlossenen VN-Truppen in Srebrenica mit, daß die Anforderung für Luftangriffe wegen eines Formfehlers abgelehnt worden sei. Eingereicht wurde versehentlich ein Anforderungsformular für „Luftangriffe“ statt eines Formulars für „Luftnahunterstützung“ (Rohde 1997). Wertvolle Zeit ging verloren. Die Luftnahunterstützung erfolgte nicht. Das Drama von Srebrenica nahm seinen Lauf.

3.7 Empfehlungen für die Ausbildung

Die in diesem Kapitel beschriebenen dysfunktionalen Stressprofile und die damit verbundenen Schwachstellen stehen als Indikatoren für Leistungseinschränkungen in der militärischen Führung. Obwohl die Ursachen durchweg multivariant sind, kristallisierten sich doch konkrete Lagesegmente heraus, die mit den Führungseinschränkungen korrelieren. Die Ausbildung hat dementsprechend an diesen Lagesegmenten anzusetzen, um Führungsschwächen zu verhindern oder sie zu reduzieren. Die Bedingungsfaktoren dazu sind einfach. Sie lassen sich folgendermaßen kennzeichnen:

1. Ausbildung so forcieren, daß alle anfallenden Lagen mit hoher Wahrscheinlichkeit bewältigt werden können. Das Führungsinstrumentarium muß einwandfrei beherrscht werden.
2. Zu schaffen sind perzeptive, kognitive, aktionale und emotionale Voraussetzungen, um Führungsbelastungen in extremen Lagen ohne Leistungseinbußen bewältigen zu können. Das ist mit Planübungen zu erreichen, die spezifische Segmente der angesprochenen Schwachstellengefährdungen in den Mittelpunkt stellen.
3. Schaffung einer Einsatzethik, mit der es gelingt, auch Grenzbelastungen und die damit verbundenen Einsatzaufträge als Führungsherausforderung zu begreifen.

Die zentralen leistungssensiblen Funktionen sind Überlastung, Entzug, Bedrohungs- und Ungewißheitsempfindungen. Ihnen gilt die besondere Aufmerksamkeit in der Aus- und Fortbildung. Eine Schlüsselgröße dazu ist der Ressourcenhaushalt. Ist sein Volumen groß und stabil, ist die Führung auch unter Belastung sichergestellt. Eine weitere Schlüsselgröße ist der Entzug. Er entsteht dadurch, daß die nötige Lageinformation ausbleibt. Die subjektiven Bewertungen der Bedrohung und Ungewißheit sind direkt mit dem aktuellen Informationshaushalt verknüpft. Damit ist ausgedrückt, daß sich ein Bedrohungsgefühl reduzieren oder gar beseitigen läßt, wenn der Informationshaushalt zur Lagebewältigung ausreicht. Das Ungewißheitsgefühl läßt sich außerdem reduzieren oder gar beseitigen, wenn es gelingt, sich die nötige Information zu beschaffen.

Das Wirkungsgefüge der vier operativen Grundgrößen der Generierung von Führungsstress ist für die Aus- und Fortbildung von funktionaler Bedeutung. Damit ist gesagt, daß diese Größen veränderbar sind, wenn sie durch Ausbildungsmaßnahmen direkt angesteuert werden. Mit der Veränderung der genannten Grundgrößen sind auch Folgewirkungen und Randeffekte zu erwarten. So trägt z.B. eine großräumige Lageübersicht und Lagevorgabe dazu bei, daß Führungssicherheit und Führungssouveränität dominieren. Geht die Lageübersicht verloren, erhöhen sich nicht nur die Führungsfehler, sondern auch der Führungsumgang wird befehlstaktischer. Mit diesen Beispielen soll nur gezeigt werden, daß nicht immer anfallende und für wichtig erachtete Fähigkeiten, durch psychostrukturelle Eigenschaften und Einstellungen auszubilden sind. Oftmals genügt bereits die Verbesserung der zuständigen **psychozerebralen Schlüsselgrößen**. Je mehr solcher Schlüsselgrößen in ihren funktionalen Auswirkungen lokalisiert werden können, um so gezielter kann auf Einsatz und Führung vorbereitet werden. Dies sollen folgende Ausbildungsschwerpunkte verdeutlichen:

- Führen unter Überlastungs- und Entzugseinlagen, zusätzlich unter außergewöhnlichen Bedingungen (Schlafentzug über mehrere Tage, unregelmäßige bis keine Nahrungsversorgung, schlechte hygienische Verhältnisse, extreme Witterungseinwirkungen, widersprüchliche Lageinformation, ahumane Umgebung, etc.);
- Führen unter permanenter Überschreitung der individuellen Leistungsgrenzen;

- Führen unter Einbeziehung von Mehrfachaufgaben unter Extrembedingungen;
- Verlassen der Führungsroutine durch unbekannte Aufgabenstellungen;
- Führen unter Verantwortungsdruck in menschenunwürdigen Lagen;
- Führen in einer relativen Isolation, z.B. Gefangenschaft.

Diese Beispiele sollen nur Ausbildungsmöglichkeiten aufzeigen, mit denen Schlüsselprozesse beeinflußt werden können. Ausdrücklich darauf hinzuweisen ist hier nochmals, daß mit den klassischen Gefechtsübungen und Einzelkämpferlehrgängen zwar eine solide Führungsgrundlage geschaffen werden kann, die auf internationalen Einsätzen zu erwartenden Spezialaufgaben aber dadurch noch nicht adäquat bewältigt werden können.

4. Dysfunktionale Stressverläufe und Extremlagen

(1.) Stressverläufe

Die Verläufe von Stress und die Entstehung von Distressprofilen sind vielfältig. So kann eine Distressphase blitzartig entstehen. Die Leistungseinbrüche wirken dann überfallartig. Distress kann sich aber auch langsam entwickeln und in Schüben verlaufen (Abb. 12). Dann gilt die in Kapitel 3.1 getroffene Aussage, daß, wenn Distress ausgelöst ist, während des Einsatzes in Stäben und Gefechtsständen eine reduzierende Kontrolle nicht mehr möglich ist. Der jeweils Betroffene müßte eigentlich „aus der Lage“ genommen werden. Das ist während der Durchführung von Einsätzen schwierig und widerspricht den Grundeinstellungen bzw. dem Ethos insbesondere des Führungspersonals.
Zu unterscheiden sind akuter und chronischer Distress. Hier geht es nur um akute Fälle, die für Gefechtseinsätze aufschlußreich sind. Das charakteristische der längerfristigen Distressverläufe besteht darin, daß sie kaum merklich beginnen und sich allmählich zu einem beachtlichen Profil entwikkeln können. Ihre Chronifizierung trägt zum bekannten Burn out-Syndrom bei. Soldaten, die lange unter Kampfbelastungen stehen, einen Krieg über mehrere Jahre führen, können ein derartiges Syndrom entwickeln. Solche Fälle stehen allerdings in diesem Abschnitt nicht im Vordergrund. Vielmehr geht es um kurz- und mittelfristig angelegte Spezialaufträge, Kampfeinsätze und Gefechtshandlungen, die Ruhe- und Erholungsphasen nicht zulassen.
Nicht berücksichtigt sind die Verläufe im Zuge humanitärer Einsätze, was nicht besagt, daß viele der hier aufgezeigten Stressverläufe auch in diesem Einsatzbereich nachweisbar sind.

Militärische Führer sind im Zuge von Kampfhandlungen besonderen Belastungsschüben ausgesetzt. So kann den Führer nach der ersten Belastungswelle eine zweite erreichen, bevor dessen Stresspegel wieder in den Ruhebereich zurückgekehrt ist (Abb.12). Dieser Vorgang kann sich unter länger andauernder Belastung mehrere Male wiederholen, wodurch dann die individuelle Schwelle zum Distress erreicht und überschritten werden kann. Je nach Ausbildungsstand und akuter Disposition kann dieser Belastungsverlauf frühzeitig die kritische Schwelle erreichen, von der ab sich Führungsfehler einstellen. In Abbildung 12 wäre dies ab der durchgezogenen Linie der Fall. Die spezifischen Symptome dazu wurden in Kapitel 3 ausführlich dargestellt.

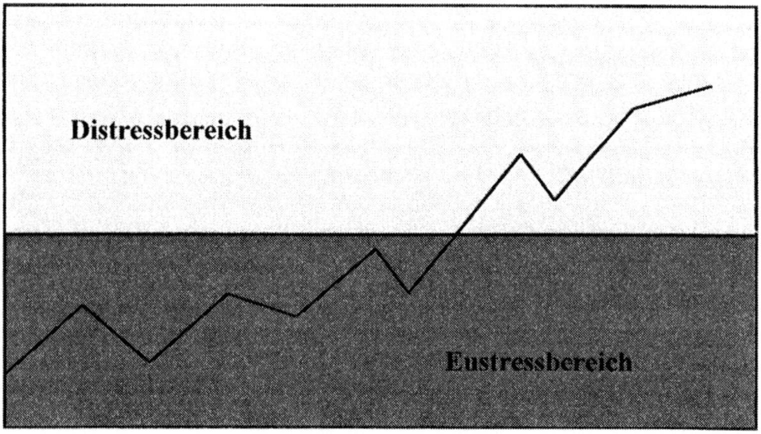

Abb. 12: Distressentstehung: Nehmen Belastungen fortlaufend zu, ohne einen Rückgang in den Ruhezustand zu ermöglichen, dann wird die Stressentwicklung progressiv und mündet je nach Belastungsfähigkeit in die Distressphase (roter Bereich). Die Führungsfehler nehmen unaufhaltsam zu.

Die in den nachfolgenden Kapiteln beschriebenen Verläufe zeigen durchweg ansteigende Distressprofile. Unter bestimmten Belastungsbedingungen kann die kritische Schwelle überschritten werden, jenseits derer Einsatz- und

Führungskontrolle nachhaltig negativ beeinflußt sein können.

Aus der Abbildung 12 ist auch zu entnehmen, daß sich Stressresistenz vorteilhaft auswirkt. Der Begriff „Stressresistenz“ taucht seit einigen Jahren vermehrt in der Diskussion über Einsatzstress auf. Er wird verstärkt untersucht und theoretisch erörtert (Gasch/Lasogga 2001, Hecht/Balzer 2000, Krams 2001, Ungerer 2001 a,b,c).

Die Fragestellungen zentrieren sich auf die Generierung dysfunktionaler Stressprofile. Mit deren Beantwortung wird versucht, Ursachen für die Entstehung von dysfunktionalem Stress zu beseitigen, um so die Voraussetzungen für Stressresistenz im Einsatzverhalten zu entwickeln. Solche Ansätze sind in den folgenden Kapiteln an vielen Stellen zu erkennen. Sie sind auch zentrale Forschungsschwerpunkte im Walter Reed Army Institute of Research und im U.S. Army Medical Research and Material Command. Die gemeinsamen Anliegen bestehen darin, die Kampfstressresistenz zu erhöhen und Voraussetzungen zu schaffen für eine bessere Verarbeitung von Extremlagen und außergewöhnlichen Lagen.

Stressresistenz besagt, daß die üblichen stressauslösenden Risikofaktoren keine Wirkung mehr zeigen oder sich erst sehr spät in der Führung bemerkbar machen. Die nun zu besprechenden Stressverläufe, die gemäß unserer terminologischen Vereinbarung als Distressverläufe zu kennzeichnen sind, zeigen Verlaufsformen, die sich kurz- oder mittelfristig ergeben.

(2.) Massaker

Massaker erregen immer die Öffentlichkeit, stimulieren unser Wertesystem und führen zu langwierigen Diskussionen, vor allem bei denen, die nicht dabei waren. Massaker unterscheiden sich von terroristischen Attacken. Während diese geplant, in der Ausführung meistens festgelegt und auf bestimmte Ziele gerichtet sind, haben wir es bei Massakern mit Aktionen zu tun, die plötzlich ausbrechen. Oftmals werden die Taten hinterher bereut. Sie sind für die jeweiligen Akteure dann nicht mehr zu verstehen. Erinnerungen sind nur noch wenig treffsicher.

Massaker „pflastern“ viele Jahrhunderte. Die Wahrscheinlichkeit ihres Ausbruches erhöht sich dann, wenn eine Ungleichheit der Kräfte entsteht, wenn z.B. bewaffnete Kräfte unbewaffneten gegenüber stehen. Solche Situationen häuften sich im letzten Jahrhundert. Die Bevölkerung wurde zunehmend Kriegsziel, und zwar direkt oder stellvertretend für die Ideologie, für die Väter, Söhne und für die Kinder, die zum Kämpfer (Feind) heranwachsen. Von Massaker werden vorrangig nur hilflose und unschuldige Menschen betroffen. Allerdings nehmen in den letzten Jahren auch Massaker zu, die an Kriegsgefangenen oder Geiseln begangen werden. Aber auch hier ist das typische Kennzeichen der Massakrierten ihre Hilflosigkeit. Damit ist zu fragen, was Soldaten und paramilitärische Kräfte veranlaßt, Massaker zu initiieren und an ihnen teilzunehmen.

Studien über Massaker sind noch spärlich. Das Moralisierende überwiegt. Ursachen und vor allem emotionale Auslöser werden selbst von den Tätern meistens nicht erkannt. Der Verhaltensanalytiker hat zudem schlechte Karten. Entweder muß er selbst als Akteur mitgemacht haben, das Massaker als Opfer überlebt haben oder auf Videoaufzeichnungen zurückgreifen können. Zusätzlich benötigt er eine Vertrauensbasis, um vielleicht in Gesprächen einiges von den Massaker - Akteuren oder den Überlebenden zu erfahren. Gemäß dieser Analyse lassen sich folgende **Risikofaktoren** lokalisieren und annäherungsweise beschreiben:

1. Grundeinstellungen für die Beteiligung an Massakern finden sich fast bei allen Menschen, nur werden diese nicht religiös, ideologisch und anderweitig mobilisiert und instrumentalisiert. Grausamkeiten, körperliche, seelische und geistige, entfachen viele, allerdings meistens nur unter administrativen Zwängen oder unter psychischem Druck.

2. Strategische Defensive bei Kampfeinsätzen erzeugt hohe Frustrations- und Aggressionspotentiale, da die Streitkräfte in der Regel dazu ausgebildet sind, den Gegner direkt zu bekämpfen. Werden sie davon abgehalten, sind Aggressionen gegen Unbeteiligte oder gegen sich selbst relativ wahrscheinlich.
3. Kämpfen ohne Motivation und ohne genaue Zielvorgaben demoralisiert allmählich. Man riskiert sein Leben umsonst, findet sich im Leerlauf der Kriegsmaschinerie.
4. Die Rules of Engagement, die vor allem bei VN-Einsätzen dominieren, erzeugen den Status der befohlenen Hilflosigkeit, obwohl z.T. eine höhere Kampfkraft als beim Gegner vorliegt. Die Kampfmoral wird in solchen Fällen zerstört. Ersatzziele werden gesucht.
5. Totale Vernichtung des Gegners ist durch Ausbildung und Erziehung der Streitkräfte prä-konditioniert. Anders lautende Aufträge, z.B. in den limited wars, beeinträchtigen das psychische Befinden, dann, wenn für Kampfeinsätze ausgebildet wurde.
6. Das Entfallen von Kämpfen gegen einen Gegner, obwohl dieser ständig gegenwärtig ist und Verluste zufügt, erzeugt Entzugssyndrome und fördert die Suche nach Ersatzzielen. Die Massaker-Schwelle sinkt.
7. Führungsausbildung, durch die es nicht gelungen ist, unter Grenzbelastungen noch die Kontrolle über die Mannschaft und über sich selbst zu behalten, schafft Voraussetzungen für eskalierende Einsätze.
8. Unterentwickelte oder nicht vorhandene Einsatzethik kreiert ein Wertevakuum, in das axiologische Willkür eindringen kann.
9. „search and destroy-operations“ und „free-fire-zones“ können falsch gehandhabt werden, wenn Führer und Geführte nicht stressresistent ausgebildet sind.

Die Risikofaktoren zur Generierung eines Massakers sind nicht vollständig. Sie können einzeln wirken oder kumulativ.

Der letzte Fall ist gehäufter anzutreffen. Defensives und deeskalierendes Verhalten bilden bei Kampfkraftüberlegenheit geradezu ideale Voraussetzungen, um anschließend Einsätze in Massaker und Eskalation münden zu lassen. Vermutlich trägt die Zunahme der „limited wars“ dazu bei, daß militärische Grausamkeiten im Rahmen der unzähligen Kleinkriege, Bürgerkriege u.ä. zunehmen. Der Kampf wird nicht zu Ende geführt. Daher müssen Ersatzfeinde gefunden und Ersatztötungen vorgenommen werden.

Die Bereitschaft zum Massaker kann sich im Individuum entwickeln, in einer Gruppe, oder im militärischen und politischen System selbst. Während das Individuum oftmals nach der Massaker - Aktion von Gewissenskonflikten geplagt ist, ist das Gruppen- oder System - Massaker psychisch weniger belastend. Die Verantwortung wird inzwischen auch dem Techno-War und dem War-Manager auferlegt.

Ein weiterer psychischer Spannungsfall ist noch zu erwähnen. Auf der einen Seite werden Soldaten ausgebildet und erzogen, um zu töten, auf der anderen Seite werden sie durch politische Auffassungen und administrative Anordnungen daran gehindert, ihr Handwerk auszuführen. Rasch und oberflächlich ausgebildete Offiziere und Mannschaften halten diese innere Spannung nicht immer aus. „There is an axiological line between rage and frustration on the one hand and murder on the other“ (O`Brien 1998, 174). Unter der im 3. Kapitel beschriebenen Ressourcenknappheit kann die Kontrolle über den eben genannten Spannungsfall verloren gehen. Die Tötungsmaschinerie läuft an. Die zweite Variante, nämlich die Defensive, wird nicht reflektiert. Sie ist komplizierter zu denken.

Eine weitere Schlüsselgröße bei der Entstehung von Massakern ist das Zusammenwirken des Informationshaushaltes, der Geschwindigkeit der Informationsverarbeitung sowie der Tötungs- bzw. Schießschwelle. Wird psychozerebral im Grenzbereich operiert, dann ist das Schießen und Töten oder das Nichtschießen und Nichttöten einem oszillierenden

Prozeß unterworfen, der im Sekundentakt arbeitet. Schießen oder Nichtschießen sind an diesen variablen Bereitschaftszustand gebunden (Ungerer 2001 c,d).
Das Prinzip eines Massakers sei nun mit den Vorgängen bei My Lai im Vietnam-Krieg weiter konkretisiert, zumal darüber einige Angaben vorliegen. Vorweg sei hier allerdings betont, daß der Vietnam - Krieg in seiner Gesamtheit in keiner Weise damit identifiziert werden kann. In allen Kriegen sind Massaker nachzuweisen.

Die Aktion:

16. März 1968, Soldaten der Charlie Kompanie, 1. Bataillon, 20. Infanterie Brigade einer amerikanischen Division, die in Süd Vietnam in der Provinz Quang Ngai operierte, erhielten den Auftrag, einen kleinen Weiler, My Lai, nach Vietcong abzusuchen. Die Operation richtete sich auf einen Stützpunkt des 48. Vietcong-Bataillons, der in US - Karten als My Lai - 4 eingezeichnet war. Der Angriff wurde mit Hubschraubern unterstützt. Bodentruppen durchkämmten die einzelnen Dörfer. Ein Lieutenant William L. Calley führte in der Charlie Kompanie den 1. Platoon. Während der Operation drang er mit seinem Zug in den südlichen Teil von My Lai - 4 ein.
Die Lage war gespannt. Plötzlich fingen Calley und seine Männer an, zu schießen. Sie schossen auf alles, was sich bewegte. Das waren alte Männer, Frauen, das waren Kinder und das war herumlaufendes Vieh. Die Angaben über die Zahl der getöteten Dorfbewohner schwanken zwischen 172 und 347 (Brock 1988).
Gibt es für ein solches Massaker, das stellvertretend für andere steht und möglicherweise nur die Spitze eines Eisberges ist, spezielle Ausgangsbedingungen? Einige Faktoren zur Generierung des Massakers seien nachstehend aufgelistet (Brock 1988, Anderson 1998):

1. Lt. Calley war auf die moralischen Belastungen in Vietnam nicht genügend vorbereitet.
2. Er hatte seine Männer nicht im Griff.

3. Lt. Calley gab stärker werdendem Druck seiner Vorgesetzten nach, die auf mehr feindliche Verluste drängten.
4. Lt. Calley war gegen die Kommunisten, aber er fand in den Sümpfen keinen.
5. Auf Patrouillen wurden fortlaufend seine Männer angeschossen.
6. Bei My Lai Son wurde sein Funker erschossen.
7. Zwei Männer von ihm starben in Minenfallen
8. Einer seiner Männer wurde von einem Scharfschützen erschossen.
9. Seine Männer liefen in ein Minenfeld: 32 Gefallene oder Verwundete.
10. Der Vietcong hatte einen seiner Männer gefangengenommen. Er hörte ihn sieben Kilometer entfernt über die ganze Nacht schreien.
11. In 32 Tagen hatte die C-Kompanie mit ihrer normalen Feldstärke von 90 - 100 Mann 42 Opfer zu beklagen. Vom Vietcong hatten sie aber nichts gesehen.

Diese Spannbreite der Belastungen umfaßte aufschlußreiche distressauslösende Faktoren. Sie reichen von der **ungenügenden Führerausbildung** für Einsätze über **akute Informationsüberlastungen und -entzüge** bis zu jenem Zustand, der als **Leere des Gefechtsfeldes** bezeichnet wurde (Kap. 3.5.1). Mehrere Auslöser für die Entstehung eines extremen Distressprofils waren hiermit gegeben.

Zermürbend ist vor allem der rasche Wechsel zwischen Überlastungs- und Entzugszuständen. „One explanation is that a mental breakdown by some individual members of Charlie Company produced this atrocity“ (Anderson 1998, 6).
Außerdem wurden die Soldaten des Zuges permanent mit Verlusten konfrontiert. Verursacher der Verluste, der Vietcong, war aber nirgends zu sehen. Kämpfe fielen aus. Der Sinn für den Einsatz ging allmählich verloren.

In der Menschheitsgeschichte der bewaffneten Auseinandersetzungen gibt es viele Fälle ähnlicher Art. Sie entwickelten sich nach den vorliegenden Analysen auf ähnliche Weise, haben aber dennoch ihr spezielles Gepräge. Damit ist gesagt, daß Massaker ihre individuellen Vorgeschichten haben. Diese können personaler, ideologischer, religiöser oder materieller Natur sein. Maßnahmen zu ihrer Verhinderung müßten in einem Zeitabschnitt einsetzen, in dem die Massaker mental und emotional keimen. Oftmals muß weit in die Erfahrungs- und Lernbiographie der Beteiligten eingedrungen werden, um Ursachen lokalisieren zu können. Die Ursachen können für den Betrachter klein und nichtig sein, für den Akteur sind sie aber in der subjektiven Betrachtung von schwerwiegender Tragweite. Massaker entstehen in der Regel im Kopf eines Soldaten, weiten sich je nach akuter Stimmungslage und Bedrohungserfahrungen rasant aus. Der zuständige Zugführer bzw. Anführer einer Gruppe verliert in dieser Entstehungsphase die Kontrolle über seine Leute. Eine letzte Chance zur Kontrolle mit Vetowirkung liegt zwischen den ersten Massaker-Reaktionen eines Soldaten und der anschließend beginnenden Massaker-Ressonanz in der Gruppe. Worin besteht aber nun diese Vetofunktion?

Erwähnt wurde bereits, daß die Verhaltens- und vor allem Überlebensmechanismen bei der kämpfenden Truppe weitgehend äquivalent sind. Damit ist aber gleichzeitig gesagt, daß die Ursachen der Tötungsmechanismen ebenfalls einem Äquivalenzprinzip folgen. Gemeinsamkeiten im Kampfverhalten steuern die Lageentwicklungen bis zu den Nahkampfsituationen. Überleben, Massaker, menschenunwürdige Handlungen u.v.m. liegen demgemäß oftmals sehr nahe beieinander. Kein externer Beobachter oder gar Abwesender ist in der Lage, solche Aktionen und ihre Akteure nachträglich zu bewerten. Dazu fehlen jedem Externen die Überlebensmaßstäbe und die notwendige Einsatzethik. „Atrocity is a part of war that needs to be faced and discussed. It is not our job as historians to condemn or judge. It is our job to describe, to try to explain, and, even more so, to try to understand" (Ambrose 1998, 108). Die Grundmuster des Kriegsverhaltens zeigen ein Ähnlichkeitsspektrum über Jahrhunderte, so daß sich die Frage nach dem Verstehen immer wieder neu stellt, um das Begreifen permanent zu untermauern. Weitere Antworten werden in den nachstehenden Themenblöcken noch versucht.

(3.) Aufgabenbewertung

Bereits im 3. Kapitel wurde betont, daß das Zusammenspiel zwischen Informationsverarbeitung und Lagebewertung für die Distressentstehung entscheidend ist. Wird z.B. die Bewältigung einer Lage als einfache Aufgabe gesehen (durchgezogene Linie in Abb. 13), dann tritt zuerst ein Leistungsanstieg auf. Erst nach einer relativ langen Bedrohungszeit beginnt der distressbedingte Leistungsabfall.

Vollkommen anders sieht der Stressverlauf aus, wenn der Soldat eine Gefechtssituation als schwierig einschätzt (gestrichelte Linie in Abb. 13). Bereits nach kurzem Anstieg der Führungsleistung bricht diese nach länger andauernder Belastung zusammen.
Damit wird deutlich, daß eine optimierte Aufgabenbewältigung den dysfunktionalen Stress auch bei einer länger andauernden Lage kaum aktiviert. Eine nur halbwegs beherrschte Lagebewältigung löst dagegen sehr früh Stress aus. Wenig beherrschte taktische Maßnahmen und Fertigkeiten provozieren dann Distress, wenn sich eine Situation anzeigt, deren Bewältigung individuelle Führungsschwierigkeiten erahnen läßt. Distress wird so geradezu vorprogrammiert.

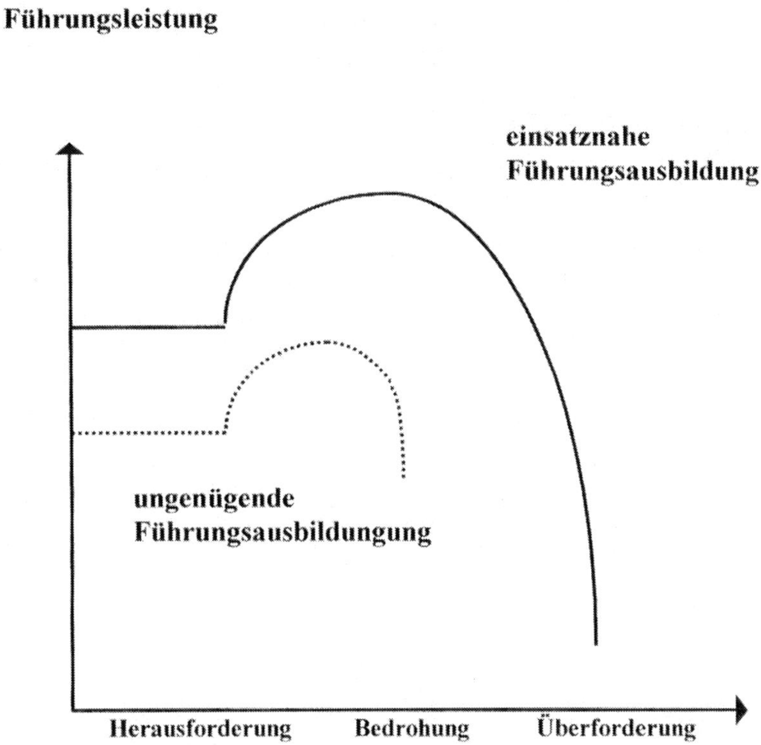

Abb. 13: Subjektive Bewertung einer Lage und Distressverläufe.

(4.) Gruppenkohäsion

Viele Aufträge werden von Crews, Battle-Groups, Kommando-Unternehmen, Stäben etc. ausgeführt. Daher ist der Einsatzleistung der Gruppe besondere Aufmerksamkeit zu schenken. Diese Leistung beruht auf der Interaktion zwischen den einzelnen Gruppenmitgliedern. Ist die Interaktion beeinträchtigt, leidet darunter die Kampfkraft, die Einsatzbereitschaft und allgemein die Bewältigung des Auftrages. Daher werden derzeit die Interaktionen in Hochrisiko-Situationen als zentrale Forschungsthemen favorisiert (Dietrich 2003).

Interaktive Störvariablen sind gruppeninterne Konflikte, die von den einzelnen Gruppenmitgliedern ausgehen und von diesen unterschiedlich eingeschätzt werden. Ist eine Gruppe konfliktfrei, wartet sie mit einer relativ hohen Stressresistenz auf (durchgezogene Linie in Abb. 14). Ist dagegen die Gruppe konfliktträchtig, dann ist ihr Stresswiderstand relativ gering (gepunktete Linie in Abb. 14).
Solche Konflikte initiieren nicht nur gefährliche Auseinandersetzungen, sondern liefern auch den Nährboden für die Entstehung dysfunktionaler Stressprofile, die sich kurz oder mittelfristig chronifizieren können. Die Einsatzfähigkeit der jeweiligen Gruppe wird dadurch gefährdet. Gruppendynamisch machen sich Konflikte vorrangig folgendermaßen bemerkbar:

- Der Einsatz wird von den konfliktträchtigen Mitgliedern nur resignierend akzeptiert. Das „Ja - Aber" steht bei Gesprächen im Vordergrund. Dieses Ja-Aber-Phänomen hat in militärischen Einsätzen nichts zu suchen. Es stimuliert die Zweiflereinstellung und die Resignation. Die Einsatzkraft schwindet dadurch.
- Durch den Abbau der für die akute Lagebewältigung zur Verfügung stehenden Ressourcen wird die Konfliktkontrolle zunehmend beeinträchtigt. Der latent vorhandene Konflikt zwischen zwei Mitgliedern einer Einsatzgruppe kann in einer Extremlage unerwartet und unkontrolliert aufbrechen. Das kann sich dahingehend äußern, daß der Kamerad keinen Feuerschutz erhält, man läßt ihn in die Schußlinie rennen. Ein weiteres Beispiel ist das „Fragging". Der Konfliktgegner wird beim ersten passenden Kampfeinsatz hinterrücks erschossen.

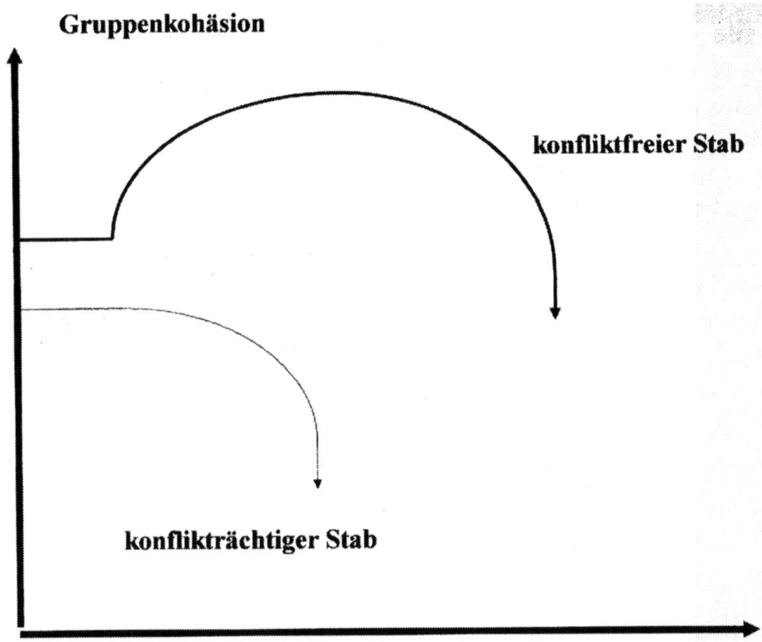

Abb. 14: Gruppendynamische Konfliktverarbeitung und Führungsleistung.

Werden in einer militärischen Einsatzgruppe tiefgreifende Konflikte zwischen zwei oder mehreren Mitgliedern ausgemacht, dann sind die Konfliktpartner zu trennen. Keinesfalls kann es die Aufgabe des Zugführers, Kompaniechefs oder Kommandeurs sein, im Zuge der Vorbereitung lebensgefährlicher Einsätze konfliktentschärfend zu wirken. Aufwand und Erfolg stehen in einem Mißverhältnis zueinander. Die Konfliktsituation ist dadurch zu lösen, daß die Gruppe getrennt wird. Eine andere Verwendung bringt möglicherweise Vorteile mit sich.

Eine optimal entwickelte Gruppenkohäsion ist für den Operationserfolg unerläßlich. Eingespielte Gruppen besitzen nicht nur eine gefestigte Identität, sondern auch eine interaktive

Binnensensibilität für Überforderungen. Dies besagt, daß jeder jeden kennt, und zwar in seinem Einsatzverhalten, in seinen Einsatzbesonderheiten und in seinen Grenzleistungen. Leistungseinbrüche werden dadurch stillschweigend gruppendynamisch kompensiert.

(5.) Stressnachschlag-Effekte

Als ein weiteres Beispiel für Stressverläufe sei der Stressnachschlag-Effekt erwähnt. Er tritt nach Extrembelastungen auf. So gibt es Soldaten, die eine extreme Gefechtsbelastung oder Geiselhaft und Gefangenschaft gut überstehen, aber in einem relativ ruhigen Zeitabschnitt danach geradezu überfallartig von Distress erfaßt werden. Dieser kann in solchen Fällen sogar tödlich sein. Die ersten Fälle wurden in Stalingrad beobachtet, weitere im Vietnamkrieg. Betroffen davon wurden vorwiegend ältere Soldaten. Daher ist das zu beschreibende Phänomen auch als Old Sergeants-Syndrom geläufig. Kennzeichnend dafür ist, daß Soldaten in einer Ruhephase nach lebensbedrohlichen Situationen starben. Das Phänomen taucht auch nach Erdbeben, Verkehrsunfällen und ähnlichen individuellen Erlebnissen auf (Ungerer/Morgenroth 2001). Der Erklärungssachstand für den genannten Effekt ist derzeit folgender:
Während der akuten Bedrohung fehlen dem Bedrohten die nötigen Ressourcen im IHH, um seine Lage sofort bewerten zu können. Dadurch arbeitet sein Gehirn die bedrohlichen Ereignisse nach, und zwar in einem Zeitabschnitt, in dem es die nötigen Informationsreserven wieder zur Verfügung hat. Nun setzt eine **Nachbewertung** ein. Diese trägt dazu bei, daß erst jetzt der individuelle Bedrohungsgrad des zurückliegenden Einsatzes deutlich erkannt und emotional moduliert wird. Der dadurch ausgelöste Distress wirkt blitzartig durch Andrenalinausschüttung auf das Herz-Kreislauf-System ein, das sich schon in einer relativen Ruhe befindet. Vermutlich wird ein solcher **Distress-Nachschlageffekt** nicht von

jedem Menschen und seinem Kreislaufsystem ohne weiteres verarbeitet. Dafür sprechen auch die Begleitsymptome wie z.B. Herzjagen, Atemnot, Schweißausbrüche, trockener Mund und infarktartige Zustände, die dem Autor immer wieder genannt werden.

(6.) Die Erfahrungsbiographie und ihre Wirkung auf den laufenden Einsatz

Carl von Clausewitz: Über die Gewinnung von Kriegsgewohnheiten im Frieden:
„Selten ist in Europa überall Frieden, und nie geht der Krieg in den anderen Weltteilen aus. Ein Staat, der lange im Frieden ist, sollte also stets suchen, von diesen Kriegsschauplätzen sich einzelne Offiziere, aber freilich nur solche, die gut gedient haben, zu verschaffen oder von den seinigen einige dahin zu schicken, damit sie den Krieg kennenlernen" (Clausewitz, Vom Kriege, 1991, S. 99).
Ausbildung, Erziehung und Einsatzerfahrung sind wirkungsreiche Chancen für ein distressresistentes Führungsverhalten. Bewältigen oder Nichtbewältigen von Gefechtslagen oder überhaupt von Lebenssituationen bilden eine erfahrungsbiographische Datik aus, die sich in akuten Lagen richtungsweisend und bewältigungsstrategisch auswirkt. Tauchen Lagen auf, die als ähnlich mit früheren erkannt werden, wirken die dort gemachten informationellen Erfahrungen und erlebten Emotionen auf die Bewältigungsverfahren der neuen Lage ein. Sie determinieren sie im entscheidendem Maße. So entstehen im Laufe des Lebens und der Einsätze spezielle Einstellungen, Grundhaltungen und Führungsfähigkeiten. Sie schaffen die psychophysischen und kognitiven Voraussetzungen zum Führen und zur Lagebewältigung.
Werden z.B. Probanden originäre Videosequenzen angeboten, wird auf solche visuellen Muster mit Erregungssteigerungen reagiert, wenn ähnliche Bilder in der Erinnerung als bedrohlich und aversiv verankert sind. Das läßt sich mit Mes-

sungen der elektrodermalen Reaktionen nachweisen (Ungerer/Morgenroth 2001).

Als Bedrohungen in solchen Videosequenzen kommen z.B. Beschießungen, Selbstverbrennungen, Hinrichtungen u.v.m. in Frage. Die Reaktionen darauf sind durch den Willen nicht zu beeinflussen. Allerdings sind nur Videosequenzen wirkungsvoll, die Originalszenen dokumentieren. Dramatische Spielfilmdarstellungen zeigen kaum vegetative Auswirkungen.

Das erfahrungsbedingte Bewältigen oder Nichtbewältigen spezieller Bedrohungslagen kann u.U. die psychische Verletzbarkeit fördern oder zum Angriff mobilisieren. So wird auf eine akute Lage, die ähnliche Inhalte in der Erfahrungsbiographie aktiviert, mit Leistungseinbrüchen, Hilflosigkeit oder Herausforderung und Angriff geantwortet.

Zur Klärung sollen zwei Beispiele dienen:

1. Beim einem iranischen Airbus-Abschuß mit 290 Toten über der Persischen Golfregion durch das amerikanische Kriegsschiff VINCENNES am 03. Juli 1988 hatte die zuständige Computer-Crew die Erfahrung gemacht, daß sich hinter Passagierflugzeugen feindliche Jäger verbergen könnten. Das Schiff hatte kurz vorher zusätzlich noch einen Angriff von drei iranischen Gunboats abzuwehren, so daß noch ein relativ hoher Stresslevel vorherrschte, der offensichtlich nach wenigen Minuten in einen Stressnachschlageffekt umschlug. Die Zeitspanne zwischen dem Ende der Gunboat-Bekämpfung und der Bewertung des Flugzeuges als feindlich betrug etwa neun Minuten. Drei Minuten später wurden zwei Raketen gegen den Airbus abgefeuert. Bewertungszeit und Entscheidungszeit waren kurz. Die erwähnte nachteilige Erfahrung des Operateurs, daß sich hinter dem Flugzeug feindliche Jäger verbergen könnten, verbunden mit einem akuten Stress-Nachschlagzustand trugen dazu bei, daß der **Steigflug** des Flugzeuges als **Sinkflug** und damit als getarnter Angriffsflug der Jäger bewertet wurde. Das Pas-

sagierflugzeug wurde abgeschossen. Hier handelt es sich um eine geradezu typische Umbewertung einer Lage aufgrund eines Hochstresszustandes.

2. Vietnameinsatz: Eine gut aussehende Frau nähert sich dem Hubschrauber. Da wirft sie plötzlich eine Handgranate in den Hubschrauber. Dies geschah durch eine andere Frau noch ein zweites Mal vor den Augen des Platoon-Führers, der auch schon den ersten Angriff miterlebte. Beim dritten Male war es wiederum eine Frau, die zum Hubschrauber lief. Er schoss umgehend. Aber sie hatte nur ein Tasche bei sich und wollte vermutlich Nahrungsmittel oder Medikamente. Das sind Tragödien, so ein amerikanischer Offizier zum Autor. Sie belasten.

Erfahrungen prägen um so mehr, je existentieller sie sind. Das war in beiden Situationen der Fall. Die Spannbreite der psychischen Wirkungen ist in solchen Fällen beachtlich. Getrennt werden muß zwischen den Vorstellungsinhalten, die beim Lesen eines Kriegsberichtes entstehen, beim Betrachten eines Kriegsfilmes oder bei der Betrachtung von Realszenen des Krieges. Das ist die eine Seite der Erfahrung. Die andere sind die realen Kriegserlebnisse. Hier ist nochmals zu unterscheiden, ob der Kriegsteilnehmer nur feindliches Feuer erlitten hat, oder er sich an Kampfeinsätzen mit Feindberührung beteiligte. Die Erlebnissegmente in diesem Spektrum bewirken jeweils unterschiedliche psychische Zustände und erfahrungsbiographische Verarbeitungen. Das sollte berücksichtigt werden, wenn von Einsatzerfahrung gesprochen wird. Jeder bewältigt und reagiert in entsprechenden Situationen anders. So nehmen Tragödien und Erfolge ihren Lauf. Je nach erfahrungsbiographischen Inhalten kämpft jeder anders und bemüht sich seine Welt zu ordnen und seine Lage zu bewältigen.

(7.) Die außergewöhnliche Lage

Bisher wurde von Lagen mit hohen Belastungen und Extrembelastungen gesprochen. Stress kann in diesen Lagen entstehen, wenn zur jeweiligen Belastungskala noch die subjektive Bewertung hinzukommt.
Eine besondere Stellung nimmt in dieser Skala die außergewöhnliche Lage ein. Entsprechend zieht sie eine außergewöhnliche Belastung nach sich. Diese fördert die Disposition zur dysfunktionalen Stressgenerierung. Die Ursachen liegen in der Besonderheit der außergewöhnlichen Lage.
Die außergewöhnliche Lage ist nach Abbildung 15 durch folgende Merkmale gekennzeichnet:

- unbekannte Bedrohungen;
- Nichtverfügbarkeit von Bekämpfungsstrategien.

Diese Merkmale besagen, daß Führer und Geführte vor Ort in solchen Lagen von Überraschungen und geradezu von Überrumpelung heimgesucht werden, die zudem noch neuartig sein können. „Das haben wir nicht erwartet“, „das kennen wir nicht“, so lauten die Beschreibungen solcher Lagen.

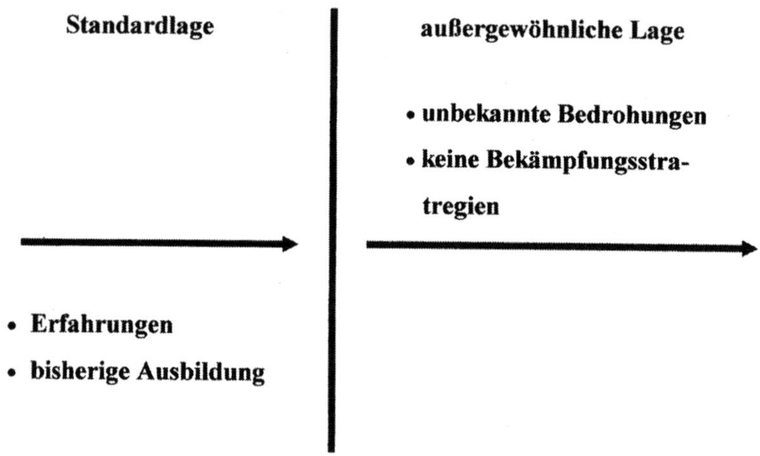

Abb.15: Außergewöhnliche Lage.

Die außergewöhnliche Lage ist von Überraschungsereignissen gekennzeichnet, die zuvor nicht gehört, gesehen und gedacht wurden. Sie sind also vollkommen unbekannt und konfrontieren jetzt die Führung.

Außergewöhnliche Lagen sind nur von speziell ausgebildeten Führern zu beherrschen und zu bewältigen. Der Grund ist darin zu sehen, daß außergewöhnliche Lagen von Führungskräften mental speziell gehandhabt werden müssen. Das ist nachfolgend zu erläutern (Abb. 16).

Der Autor analysierte rund 450 bedrohliche Lagen, in denen Menschen getötet wurden oder sich in Lebensgefahr befanden. Ihr Abwehrverhalten zeigt über Länder und Kulturen hinweg Gemeinsamkeiten, die durch drei **mentale Denkreviere** gekennzeichnet sind. Diese besitzen je nach Überlebenskampf eine unterschiedliche funktionelle Reichweite. Die einzelnen Denkreviere funktionieren folgendermaßen:

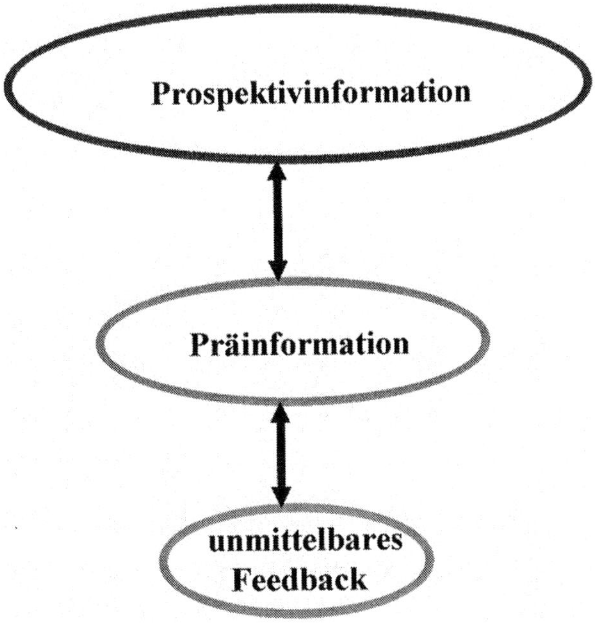

Abb. 16: Denkreviere mit unterschiedlicher Bewältigungsreichweite.

1. Im Denkrevier der **Prospektivinformation** ist die Gefahr noch weit entfernt. Die Abwehrstrategie wird noch vernachlässigt. Oftmals wird die Gefahr in diesem Stadium auch verdrängt. Das Undenkbare denken ist der Anspruch im Denkrevier der Prospektivinformation. Präventionsbarrieren sorgen aber dafür, daß der vorbereitende Schritt, die außergewöhnliche Lage strategisch zu denken, den Menschen im allgemeinen und den Führungskräften im speziellen schwerfällt.
2. Einfacher ist der Umgang mit der Präinformation. In der **Präinformation** wird die Gefahr bereits **gehört** oder **gesehen** und je nach Entfernung mehr oder weniger Abwehrmaßnahmen gegen sie ergriffen. Der Feind ist schon zu sehen oder zu hören, das Feuer ist schon zu sehen, die Flut kommt auf mich zu, die Explosion ist zu hören. Die Identifizierung und Lokalisierung feindlicher Kräfte ist ebenfalls durch Präinformation über eine entstehende Lage gegeben. Chemische Kampfstoffe liegen dagegen außerhalb der Reichweite unserer perzeptiven Sensibilität. Zu einer Bewertungs-Vernachlässigung der vorliegenden Realdaten kommt es meistens dann, wenn die wahrgenommenen Gefahren vom eigenen Umfeld noch weit entfernt sind.
3. Im Bereich des **unmittelbaren Feedbacks** ist die Gefahr dagegen **hautnah**. Unsere Abwehrreaktionen setzen wir jetzt in der Regel vehement ein. Zu denken ist hier an Nahkampf, an Überfälle. Die Maßnahmen erfolgen allerdings reaktiv. Der Bekämpfungsaufwand ist beträchtlich hoch.

Stäbe, Kampftruppen, Einzelpersonen, Krisenstäbe und Menschengruppen, die Angriffe nicht oder nur selten überlebten, konnten sich kaum auf Prospektivinformation stützen. Selten wird im Revier der Präinformation aktiviert, bevorzugt dagegen im Revier des unmittelbaren Feedbacks.

Der Alltag zeigt uns ähnliche kognitiv-emotionale Stadien der Gefahrenbewältigung. Viele gehen erst zum Arzt, wenn sich der Leidensdruck bereits bemerkbar macht. Für manche ist es dann schon zu spät. So haben wir zwar im Laufe der Jahrtausende gelernt, Nahrungsvorräte anzulegen, aber offensichtlich gelingt es uns noch nicht, ein Repertoire an Strategien einzusetzen, um das Undenkbare denken zu lernen.

Wir leben und kämpfen immer noch von der Hand in den Mund.

Streitkräfte, die nach dieser Grundeinstellung ausbilden und sich danach verhalten, werden den ersten Angriff kaum überleben.

Wir haben offensichtlich mentale Schwierigkeiten, Gefahren rechtzeitig vorauszukalkulieren und zu bewerten, so daß sie noch ohne gesundheitlichen Schaden abgewehrt werden könnten.

Unser Abwehrverhalten reicht im derzeitigen Zustand nicht mehr aus, um außergewöhnliche Bedrohungslagen zu bewältigen.

Notwendig sind daher prospektive Bedrohungs- und Gefährdungsanalysen, nach deren Ergebnisse die Streitkräfte auszubilden sind.

Prospektive Analysen dienen dazu, die Aufmerksamkeit auf außergewöhnliche Ereignisse zu lenken und diese in die **Planübungen** und die Strategien zur Lagebewältigung stressreduzierend und traumareduzierend einzubauen. Die prospektive Gefährdungs- und Bedrohungsanalyse besagt, daß auch schon Gefährdungen und Bedrohungen zu berücksichtigen sind, die uns möglicherweise erst in Monaten oder Jahren erreichen.

Die Angriffsstrategien und das Kampfverhalten des Gegners müssen bekannt sein, bevor dieser angreift.

(8.) Leistungsrückgänge als Funktionen des Distressverlaufes

Distress wirkt ungleichmäßig auf die einzelnen Führungskräfte ein. Einsätze dokumentieren eine bestimmte Reihenfolge in der Reduktion der perzeptiven, kognitiven und aktionalen Prozesse (Abb.17). Auffallend ist hierbei, daß die Leistungseinbußen an den perzeptiven Funktionen beginnen und sich über die kognitiven Entscheidungsoperationen zu den Handlungen ausbreiten.
Die Reihenfolge der Leistungsrückgänge sieht nach Abbildung 17 konkret folgendermaßen aus:

- Rasches **Erkunden** des Gefechtsfeldes oder Scannen der Bildschirmoberfläche ist für das Führen in kritischen Lagen von primärer Tragweite. Das gilt z.B. für die reale Umgebung, für die Datenpools sowie für Kartenlesen und Geländeerkennung. Wird die Erkundungsfähigkeit beeinträchtigt, besteht die Gefahr, daß wichtige Merkmale der Bedrohungslage übersehen werden. Was nicht erkundet und rechtzeitig erkannt wird, läßt sich auch nicht bewerten.
- **Vorauskalkulieren** einer Lage ist für das Führen von vorne von ausschlaggebender Bedeutung. Diese Fähigkeit besteht darin, daß vorhandene Daten sowie visuelle und auditive Wahrnehmungsmuster aufgenommen und lagegerecht verarbeitet werden, um dann daraus ein mentales Lageszenario zu entwerfen, das möglicherweise Minuten oder Stunden später Kampfrealität sein wird. Die Lage wird durch diese Prozesse vorauskalkuliert. Eben-

falls eilt dadurch die Lagebewertung voraus. Dem Gegner wird jetzt die Lage aufgezwungen.

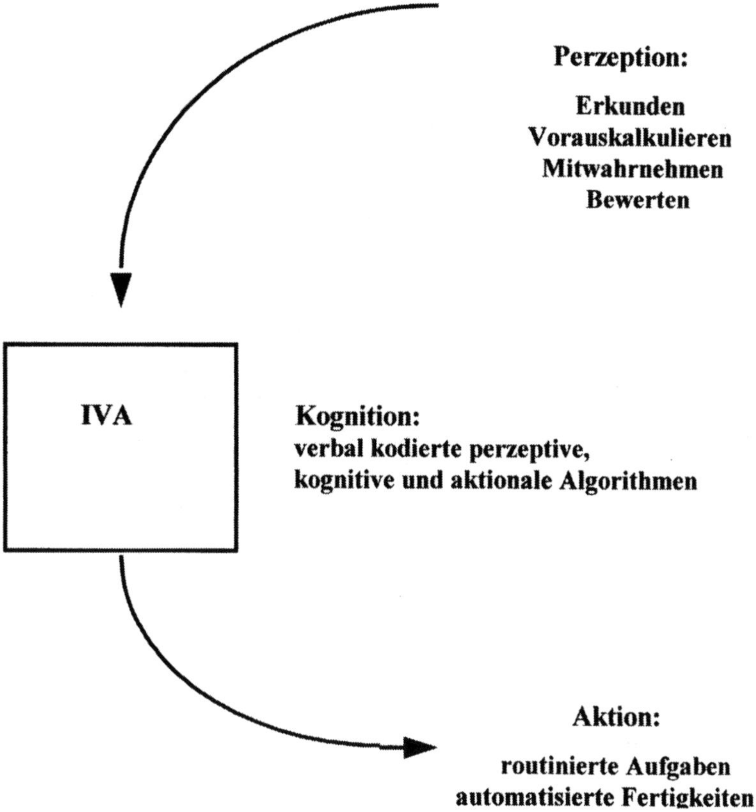

Abb.17: Reihenfolge des Leistungsabfalles (IVA: Informationsverarbeitung).

- **Mitwahrnehmen** der Umgebung, von Kameraden, während eines Einsatzes und während des Führens, ist hier gemeint. Durch das Mitwahrnehmen werden im Stab mögliche Verhaltensprobleme rechtzeitig erkannt und korrigiert. Das Mitwahrnehmen gilt besonders im Einsatz vor Ort. So muß ein Zugführer seine Soldaten auch dann noch wahrnehmen können, wenn er mit einer Extremlage zu kämpfen hat. Oftmals wird aber auf die eigenen Männer nicht mehr geachtet, selbst die eigene Waffe liegt irgendwo herum, wie dies immer wieder zu beobachten ist. Die Führungsfähigkeit leidet darunter.

- **Bewerten** ist im Grunde genommen eine kognitive Funktion. Sie ist aber einerseits an das genaue Wahrnehmen von Daten, Sprache, Personen und Objekte gebunden, andererseits kommt auch eine Bewertung mit Hilfe der eigenen Erfahrung zustande. Unter dysfunktionalem Stress sind Umbewertungen von Lageereignissen möglich. Im vorhergehenden Kapitel konnte dies am Beispiel des Airbus-Abschusses gezeigt werden. Im Grenzfall wird oftmals das bewertet, was erwartet wird. Die Erwartung kommt aus der Erfahrungsbiographie. Das konkrete Bewertungsresultat im Gefecht entsteht aus dieser Biographie und der realen Lage.
- Die **kognitiven Operationen** sind vielfältig. Sie umfassen Entscheidungen, die bereits genannte Bewertung sowie die Randinformation, die sich ebenfalls auf die zentralen Führungsoperationen auswirken kann. Belastungsresistente Strategien zeichnen sich durch **verbale Kodierungen** aus, d.h. durch Muster, die kognitiv rasch über den jeweiligen Sprachkode verfügbar sind. Voraussetzung einer solchen verbalen Kodierung ist eine präzise Instruktion beim Lernen der strategischen Maßnahme. Ungenaue Ausbildungssprache verwirrt. Sie bewirkt keinesfalls stressresistentes Denken und Handeln. Kognitive Strukturen erhalten demnach ihren Stabilitätsgrad im Einsatz durch die präzisen Ausbildungsverfahren.
- Ebenso sind die **Aktionen** zu verstehen. Je routinierter sie sind, je souveräner sie eingesetzt werden können, um so widerstandsfähiger gegenüber Belastungen sind sie.

Aus der Reihenfolge geht hervor, daß zuerst die sensorischen Funktionen, dann die kognitiven Operationen und zuletzt die Aktionen ausfallen. Erstaunlich ist es immer wieder, wie viele Personen und Objekte bei Einsätzen übersehen, wie viele Begriffe und Sätze überhört werden. Die stressbedingten Limitierungen machen sich hier vorrangig bemerkbar. In der Aus- und Fortbildung des Führungspersonals muß daher den Prozessen des Erkundens, des Vorauskalkulierens, des Mitwahrnehmens und des Bewertens besondere Aufmerksamkeit geschenkt werden.

(9.) Empfehlungen für die Ausbildung

Die Beschreibungen der dysfunktionalen Stressverläufe weisen auf Ausbildungsschwerpunkte hin, die es in entsprechenden Übungen zu aktivieren gilt. So können die einzelnen perzeptiven, kognitiven und aktionalen Einsatzschwachstellen im Rahmen von Gefechtsübungen herausgegriffen und einer speziellen Ausbildung unterworfen werden.
Zusammenhänge sind mit den Ausführungen über Einsatzstress zu sehen. Die Limitierungen der IVA schlagen hier mit einer deutlich gereihten Gesetzmäßigkeit durch. Daher ist ein zentrales Ausbildungsanliegen darin zu sehen, zuerst die IVA zu stabilisieren. In einem zweiten Schritt sind dann z.B. die Erkundungsfähigkeit und die Entscheidungsfähigkeit unter extremen Belastungen zu fördern. Eine spezielle Ausbildung erfordert die **Entwicklung der Vorauskalkulation**. Da sie sehr belastungsempfindlich ist, wäre ihre spezielle Aktivierung in Form einer Kombination zwischen starkem Gefechtslärm und schwerwiegenden Entscheidungsanforderungen denkbar.
Bewertungen als kognitive Operationen verlangen eine rasche und präzise Erinnerungsfähigkeit. Sie ist unter hohen Belastungen beeinträchtigt. Demenstsprechend wäre ein spezielles Training der Bewertungsfähigkeit unter allmählich ansteigenden Führungsbelastungen zweckmäßig.
Der aktionale Verhaltensbereich ist weniger stressempfindlich. Das gilt aber nur dann, wenn die verlangten Fertigkeiten

einen hohen Übungsgrad aufzuweisen haben. Aber auch hier sind kombinierte Belastungsprofile zu üben.
Aus den Schwachstellen - Entwicklungen ist weiterhin zu entnehmen, daß die stabilsten Verhaltensmuster die Gefechtshandlungen sind, die schwächsten Muster liegen im perzeptien Verhalten. Grundsätzlich heißt dies, daß die Wahrnehmungsausbildung vermehrt in den Mittelpunkt zu rücken ist. Hier ist nochmals zu betonen, daß Wahrnehmungsfunktionen nicht nur im Gefecht vor Ort gefragt sind, sondern auch in der Stabsarbeit.

5. Führen und das Grundverständnis vom Menschen

Sage mir welches Menschenbild Du hast und ich sage Dir wie Du führst (Ungerer 1991 a). Heute ist noch folgendermaßen zu ergänzen: ... **und ich sage Dir wie Du dich in Extremlagen und außergewöhnlichen Lagen verhältst**.
Das Verständnis vom Menschen bezieht sich in seinen Grundannahmen auf das Funktionsmodell vom Menschen, in dem überlebenswichtige Funktionen verankert sind. Diese Funktionen und ihre Vorstellungen davon werden je nach Kultur, Philosophie, Lebensumwelt und -gestaltung unterschiedlich ausgebildet. Daher wird hier auch von Verhaltens-Background gesprochen.
Wenn z.B. einem Kleinkind durch Schläge auf seine Finger die Möglichkeit genommen wird, sich mit seinen Händen explorativ mit seiner Umwelt auseinanderzusetzen, dann stellt das kindliche Gehirn diese Explorationsversuche nach einiger Zeit ein, da die Versuche mit Schmerzen an den Händen quittiert werden. Demgemäß wird dieses Kind seine Erkundungsfähigkeit im Laufe seines Lebens aufgrund seiner schlechten Erfahrung nur minimal oder gar nicht entwickeln. Menschen, die lange in Diktaturen leben, haben ebenfalls eine nur wenig ausgeprägte Fähigkeit, eigenverantwortlich Ziele zu suchen und Eigenentscheidungen zu fällen. Dies wird ihnen von den Politikern und der Administration abgenommen.
Der perzeptive Kontakt zur Umwelt ist für eine souveräne Entscheidung unerläßlich. Überlebensnotwendige Schlüsseloperationen bauen sich darauf auf. Die perzeptive Öffnung des Menschen zur Umwelt erlaubt ihm, selbständig zu überleben. Jeder Mensch, der perzeptiv offen ist, kann sich seine Ziele selbst suchen und über sie entscheiden. Als zentrale kognitive Operation ist dafür die **Selbststeuerung** entscheidend (Abb. 18).

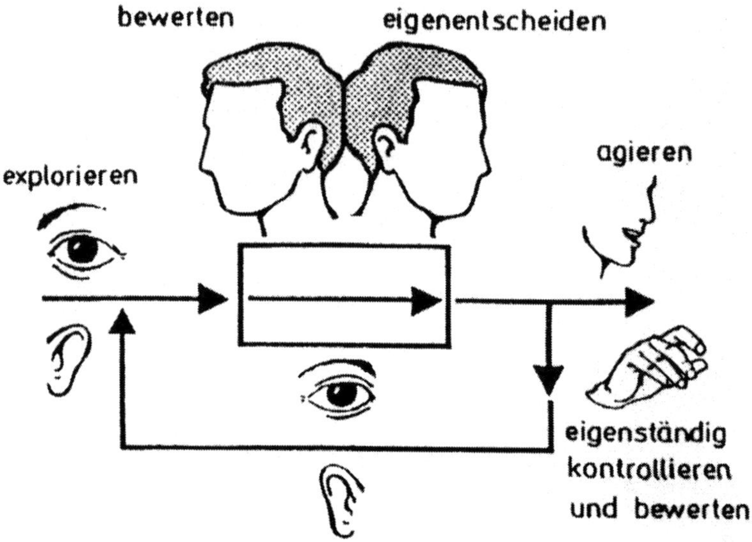

Abb.18: Funktionsmodell vom Menschen mit den Merkmalen der Selbststeuerung.

Aus der Abbildung 18 sind die funktionellen Fähigkeiten zu ersehen, die notwendig sind, um Selbststeuerung sicherzustellen. Diese nachstehenden Fähigkeiten sind für den Einsatz von überlebensstrategischer Tragweite. Die Rückmeldung hat in diesem Wirkungsgefüge eine zentrale Bedeutung. Von ihrer Funktionsgüte hängt es ab, ob die eigene Führungsaufgabe und der Momentanzustand im Einsatz eindeutig zurückgemeldet werden können, um dann eine mögliche Verhaltenskorrektur einzuleiten. Wird Führungskräften die Rückmeldung gedrosselt oder gar unterbunden, können sie nicht mehr lageadäquat führen. Beim vollständigen Ausfall der Rückmeldung sinken die Überlebenschancen. Das Phänomen wurde auch im Kapitel 2.4 angesprochen.

- Explorationsfähigkeit
- Bewertungsfähigkeit
- Eigenentscheidungsfähigkeit

- Aktionsfähigkeit
- Fähigkeit zur Rückmeldung.

Diese Basics müssen für eine einwandfreie Führung uneingeschränkt verfügbar sein, um die Selbststeuerung und damit die Auftragstaktik sicherzustellen.
Die Konsequenzen eines solchen Grundverständnisses vom Menschen sind beachtlich. Sie führen z.B. dazu, daß jeder in einer Führungsgruppe vom anderen erwartet, daß er nach den genannten Fähigkeiten führt. Andererseits ist jedem in der Gruppe erlaubt, nach diesen Fähigkeiten zu führen. Das durch die Selbststeuerung getragene Menschenverständnis führt in seiner axiologischen Systematik zur **Auftragstaktik.**

Anders sieht der Fähigkeitsbestand in Abbildung 19 aus. Fällt die perzeptive Funktion des Explorierens aus, dann gelingt keine eigenständige Informationsbeschaffung mehr. Bewertungen und Entscheidungen sind jetzt **fremdgesteuert**. **Befehlstaktisches Verhalten** steht im Vordergrund.

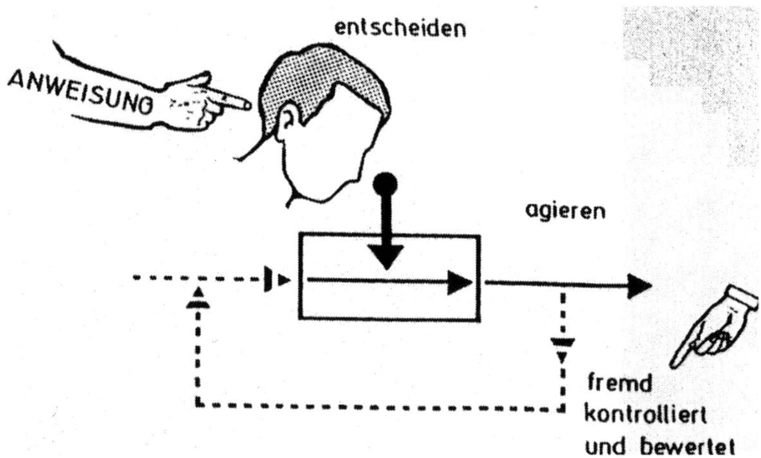

Abb. 19: Funktionsmodell vom Menschen mit Merkmalen, die nur Fremdsteuerung zulassen.

Genauer besehen bestimmt die Selbststeuerung demokratische Systeme, die Fremdsteuerung totalitäre Systeme. Bemerkenswert ist, daß mit dem Abbau von Führungsreserven durch starke dysfunktionale Stressprofile die Selbststeuerung immer mehr in die Fremdsteuerung überführt wird, die Auftragstaktik schwindet allmählich, die Befehlstaktik nimmt zu. Allerdings ist diese Differenzierung sorgfältig zu betrachten. Befehle sind oftmals notwendig. Nicht alle Einsatzgruppen, in denen aus einsatzpragmatischen Gründen kurzfristig Befehle erteilt werden, sind fremdgesteuert.
Hieraus lassen sich zusammenfassend folgende Richtwerte entnehmen:

1. Der Auftragstaktiker wird durch Basics der Selbststeuerung bestimmt, der Befehlstaktiker durch die der Fremdsteuerung.
2. Das Überleben in einem Kampfeinsatz ist eher möglich, wenn nach dem Auftragsprinzip geführt wird. Dadurch bleiben die Fähigkeiten der Selbststeuerung erhalten und einsatzbezogen wirksam.
3. Die genannten Grundmodelle vom Menschen drücken sich auch im Kampfverhalten aus. Es ist genauso möglich, anhand des Kampfverhaltens auf den kulturellen und religiösen Background zu schließen wie es umgekehrt möglich ist, nach dem bekannten Background das zu erwartende Kampfverhalten zu prognostizieren (Kap. 2.4).

In der Bundeswehr ist das Menschenverständnis, das die Selbststeuerung in den Mittelpunkt stellt, Grundlage für den bereits erwähnten MFR-Auftrag zur Menschenführung unter Belastung (Kap. 2.1).

6. Posttraumatische Belastungsstörungen

6. 1 Entstehungsbedingungen traumatischer Störungen

Psychische Verletzungen nach einem Einsatz wurden in den letzten 20 Jahren zu einem zentralen Forschungs- und Nachsorgeproblem. Gehäuft traten nach Kriegen, zivilen Katastrophen jeglicher Art, Feuerwehr- und Polizeieinsätzen, Einsätzen für Humanitäre Hilfe u.ä. bei einzelnen Einsatzkräften Symptome auf, die vorwiegend die psychische Gesundheit beeinträchtigten. Das Spektrum der Diagnosen und Therapien nahm daher einen beachtlichen Umfang an. Einsatzbedingte psychische Störungen wurden als relativ neue Phänomene verstanden und rückten daher immer mehr in das Diskussionszentrum unterschiedlicher Einrichtungen und Organisationen.

Um aber überhaupt präventive Maßnahmen empfehlen zu können, ist es notwendig, nach den pathogenen Faktoren und Prozessen zu fragen, die während eines militärischen Einsatzes traumatisierend wirken. Genaue Angaben darüber liegen aus Forschungen in den amerikanischen Streitkräften vor. Allmählich ist auch ein Denkmodell zu erkennen, das als theoretische Brücke die Ursachenprofile über die Diagnose zur Therapie verbindet. Dementsprechend wird in den folgenden Ausführungen keinesfalls das Breitbandspektrum der Theorien, Konzepte und Verfahren vorgestellt, die es zur Traumaforschung inzwischen schon gibt. Vielmehr sind die Darstellungen von der Absicht geleitet, eine Erklärungsbrücke zwischen speziellen Traumaursachen und Ausbildungsverfahren herzustellen, mit denen möglicherweise Einsatztraumen verhindert werden können. Im Mittelpunkt steht der Weg zur **Traumaresistenz**. Dazu sind aber die Ursa-

chenbündel zu präzisieren und ihre Ansteuerungsfähigkeit durch Ausbildungsmaßnahmen herauszuformulieren. Untersuchungsansätze und Beiträge nehmen dahingehend zu (Anderson 1998, Belenky et al 1995, WRAIR 1992/2002, McCarroll et al. 1993 a, b, Zaczek 1994). Die Arbeiten sind u.a. vermehrt individual- und fallbezogen, um die ätiologischen Variablen genauer bestimmen zu können.
Durch die Unterscheidung in „combat stress reaction“ (CSR) und in Post-Traumatic Stress Disorder (PTSD) sowie „in positive combat stress behavior, dysfunctional combat stress behavior, battle fatique und misconduct combat stress behavior“ liegen wegweisende Ansätze vor, um auch in das pathogenetische Feld der posttraumatischen Verhaltensprofile weiter vordringen zu können (Department of the Army 1991). Grundlegende Forschungsergebnisse kamen nach Desert Storm u.a. aus dem Walter Reed Army Institute of Research.
Die Literatur zu diesem Thema ist im deutschen Sprachraum inzwischen stark angewachsen. Die Arbeiten streuen über sämtliche Einsatzgebiete. Sie reichen von der militärischen Nachsorge über die Nachsorge bei Polizeieinsätzen bis zu den Rettungsdiensten. Übersichten liefern z.B. folgende Arbeiten: BAA (2001), Perren-Klingler (1995), Sporner (1997) und Puzicha et al. (2001).
Obwohl die einzelnen terminologischen Auslegungen zum psychischen Trauma von den Nominal- über die Real- bis zu den Umfang-Definitionen reichen, ist darunter eine psychische Verletzung gemeint, die durch ein Ereignis entstand, das vom Individuum als Bedrohung bewertet wurde. Mit dieser Bedrohung wird der Betroffene nicht fertig, er hat keine psycho-mentalen Verfahren, um mit ihr umzugehen. Dadurch entsteht jener Zustand, der als Diskrepanz zwischen Lageentwicklung und IHH bezeichnet wurde (Kap. 3.1). Hier drückt sich Hilflosigkeit und Unterlegenheit aus. Damit ist bereits zu erkennen, daß traumatisierende Ereig-

nisse und ihre Wirkungen im Betroffenen mit dysfunktionalen Stressprofilen korrespondieren.

In der praktischen Verwendung sind die Bezeichnungen Post-Traumatic Stress Disorder und vor allem im deutschen Sprachbereich posttraumatische Belastungsstörung (PTBS) üblich. Darunter fallen folgende Symptome:

Alpträume, Flashbacks (ständig wiederkehrende und länger anhaltende Bilder vom bedrohlichen Ereignis), Vermeidungsreaktionen gegenüber solchen Situationen (z.B. Gesprächen, Gefühlen), die an das Trauma erinnern, Einschränkungen der Reagibilität (z.B. geringe Aktivität, Interesselosigkeit), Dissoziationen (Abspaltungen von Gedächtnisinhalten), erhöhtes Erregungsniveau, Erhöhung der Schreckhaftigkeit, Schlafstörungen und Konzentrationsschwäche (APA 1994). Unterschieden wird hier in die Dauer der Symptome unter drei Monaten (acute), in die Symptome, die mehr als drei Monate anhalten (chronic) und in einen verzögerten Symptomauftritt nach sechs Monaten ("delayed onset").

Unter Berücksichtigung der im WRAIR geführten Diskussionen und der DSM - IV - Kriterien (APA 1994) lassen sich derzeit folgende Situationen als potentiell traumatisierend einstufen:

(1.) Außergewöhnliche Situationen als direkte Bedrohungen, die außerhalb der bisherigen Erfahrungen liegen:

Gemeint sind damit Situationen, die außerhalb der bisherigen Erfahrung des betroffenen Individuums liegen und von diesem vorher noch nicht gesehen, gehört oder gedacht wurden. Die eigene Existenz ist akut bedroht. Das kann folgendes sein:

- Kampfeinsätze ohne Nahkampfvorbereitungen;
- "face to face"-Schusswechsel;
- Funktionsstörungen an der Waffe, während der Gegner auf einen zu rennt;

- körperliche und psychische Folterungen in der Gefangenschaft oder Geiselhaft.

(2.) Außergewöhnliche Situationen als indirekte Bedrohung:
Das sind Situationen, in denen die Existenz anderer bedroht ist, der Betroffene aber als Beobachter vor Ort ist oder z.B. nach einem Massaker am Ort des Geschehens eintrifft. Hierher gehören Verstümmlungen und Grausamkeiten, die an anderen verübt werden oder wurden, die allerdings auch wieder außerhalb des Erfahrungs- und Denkhorizontes des betroffenen Individuums liegen. Das kann folgendes sein:

- verstümmelte Menschen antreffen oder bei der Verstümmelung zusehen müssen;
- Grausamkeiten erleben: Zu erinnern ist hier an das Massaker an belgischen Soldaten in Kigali.
- Tod oder Verwundung eines Kameraden erleben: Die Skala ist hier groß. Sie reicht vom zerfetzenden Körper durch Beschuß bis zum abgerissenen Kopf eines Kameraden, der noch einige Meter ohne Kopf rennt.
- Umgang mit Leichen, sei es, daß diese auszugraben sind oder bestattet werden sollen.

(3.) Versagenserlebnisse in Extremsituationen durch Überschreiten der individuellen Leistungsgrenze
Das sind Situationen, die das Individuum akut überfordern. Die eigenen Leistungsgrenzen werden überschritten. Dadurch entwickelt sich ein Versagensgefühl, das Schwierigkeiten ergeben kann, wenn mit einem real damit verbundenen Versagen die Führung zusammenbricht. Die Lage wird übermächtig, die Führungskraft ist der Lage ausgeliefert. Das kann auf folgendem beruhen:

- Schlafentzug über 60 Stunden und dennoch Führungszwang;

- Entzug von Nahrung und Flüssigkeit während eines Einsatzes über mehrere Tage;
- ununterbrochene Kampfhandlungen über mehrere Tage;
- unvorhergesehene längere Patrouille mit Feuergefechten;
- gejagte Patrouille über mehrere Stunden;
- Durchschlagen über mehre Tage oder Wochen;
- Führen in Langzeitlagen.

(4.) Hilflosigkeit als lagebedingte Hilflosigkeit

Hilflosigkeit kann sich in unterschiedlichen Zusammenhängen äußern. Das Individuum erlebt sie, wenn gegen persönliche Bedrohungen nichts unternommen werden kann. Erdulden und Erleiden breiten sich aus. Das kann folgendes sein:

- die Bedroher sind in der Übermacht, wehren wäre sinnlos;
- erschöpfter eigener Zustand.

(5.) Hilflosigkeit als angeordnete (befohlene) Hilflosigkeit

Hilflosigkeit beherrscht die Situation, wenn dem Leiden anderer Menschen zugesehen werden muß, ohne helfen zu dürfen. Das ist eine Situation, in der es untersagt ist, einzugreifen. Zu denken ist hier an UN-Aufträge, an die Rules of Engagement und an deeskalierende Taktiken. Sie sind geradezu ein Nährboden für PTSD. Das kann folgendes sein:

- UN-Aufträge, die deeskalierend durchzuführen sind. Zu nennen sind hier Ruanda, Srebrenica, Gigali und anderweitige Einsatzorte, in denen die befohlene Hilflosigkeit im Vordergrund stand.
- UN-Einsätze im ehemaligen Jugoslawien, in denen ebenfalls versucht wurde, Grenzbarrieren mit einheimischen Grenzern deeskalierend zu überwinden. Das Verfahren brachte UN-Soldaten nicht nur Geiselhaft ein, sondern auch den Tod.

- Schiitenaufstand und seine Niederschlagung durch die Republikanische Garde unter Stillhalten der amerikanischer Streitkräfte bei der Operation Desert Storm.
- Ausbildung zum deeskalierenden Verhalten bei UN-Einsätzen kann bereits traumatisierend wirken.

In allen Fällen erkennt der Betroffene eine existentielle Notlage, die als **fremdgesteuert** empfunden wird. So besteht in allen fünf Situationen aus der subjektiven Situationsbewertung des Betroffenen heraus keine Möglichkeit mehr, zur Sicherung der eigenen Existenz und der inneren Balance in das Geschehen einzugreifen. Die **Selbststeuerung** des betroffenen Menschen ist außer Kraft gesetzt. Dies gilt sowohl für das akute dysfunktionale Stressverhalten als auch für längerfristige traumatische Verhaltensprofile. Das zeigen auch die Befehlsketten, aus denen heraus die jeweiligen deeskalierenden Maßnahmen befohlen wurden. Bei manchen militärischen Führern chronifizierten sich dadurch Traumen, die die Suizid-Wahrscheinlichkeit erhöhen.

Mit der Darstellung traumastimulierender Situationen wird keinesfalls die Auffassung vertreten, daß schon das Involvieren in solche Situationen automatisch zu einem traumatisierenden Effekt führen muß. Die Mehrheit der Einsatzkräfte unterschiedlicher Aufgaben bleiben traumafrei.

Zuverlässige Zahlen über die Traumatisierung nach einem Einsatz liegen noch nicht vor. Das geht aus der hohen Schwankungsbreite der letzten 10 Jahre hervor. Je nach Diagnoseschärfe findet sich ein Breitbandspektrum vor, das von PTSD-Erkrankung über Verdacht bis zur Dunkelziffer reicht. Derzeit liegen die Angaben im militärischen Bereich bei 15% Einsatzbetroffener und Einsatzgefährdeter. Die Trends sind aufgrund der zunehmenden diagnostischen Genauigkeit eher abnehmend. Elitetruppen haben nach den Erfahrungen des Autors nur wenige bis keine Erkrankungen zu verzeichnen. Außerdem ist zu unterscheiden zwischen Militär, Polizei, Rettungsdienst, Zivilschutz und Bevölkerung.

6. 2 Psychozerebrale Vulnerabilität

6. 2. 1 Die Fragestellung

Das Verhalten der Menschen in akuten Bedrohungssituationen ist geradezu eine Offenbarungsdokumentation ihrer emotional-affektiven, kognitiven und ethisch-moralischen Dispositionen. In den psychophysischen Grenzsituationen unter existentieller Bedrohung zeigt sich die Reichhaltigkeit der menschlichen Wahrnehmungs-, Denk- und Handlungsprofile in ihren individuellen Ausprägungen. Flucht, Erstarren, externalisierende und involvierende Panik, Hektik, Schreien, Entsetzen, Agonie, Apathie, Stupor, Aggressionen u.v.m. drükken sich in individuellen Mischformen und Heftigkeiten aus. Jeder, der in einer Bedrohungslage ist, stellt sich sein Verhalten in eigener Weise her. Er organisiert sich selbst nach seinen Ressourcen und Fähigkeiten. Zwischen Überleben und Selbstaufgabe liegen daher viele individuelle Besonderheiten, die zu jeweils unterschiedlichen traumastimulierenden Verlaufsformen beitragen können.

Die PTSD- und CSR-Forschung zeigt uns, daß die Betroffenen anders aus der Bedrohungslage herauskommen als sie hineingegangen sind. Selbst kurzfristig wirkende Bedrohungen können posttraumatische Langzeitwirkungen auslösen. Ein Mensch verarbeitet Ereignisse so, daß diese ihm nachwirkend Beschwerden bereiten und traumatische Symptome hervorrufen. Ein anderer bleibt beschwerdefrei. In der Regel sind es visuelle, auditive, haptische oder olfaktorische Ereignisse, die offensichtlich schon innerhalb kleinster Zeiteinheiten pathogen wirken können. In vielen Fällen liegen Mischformen vor, die mit ihren pathofaktoriellen Zusammenhängen in diesem Beitrag im Vordergrund stehen. Ihre Wirkung wird durch die **Erfahrungsbiographie** des Betroffenen noch verstärkt, abgeschwächt oder aufgehoben. Ebenso ist die Pathographie bei der Entstehung von PTSD von zentraler Bedeutung.

Nicht gründlich verarbeitete traumatische Erlebnisse reduzieren die psychische Resistenz gegenüber akut traumatisierenden Effekten. PTSD-favorisierende Bedingungen entstehen bevorzugt beim Zusammentreffen der genannten Variablen.

6. 2. 2 Traumaevozierende Informationsaufnahme und -verarbeitung

Das Wahrnehmen einer Bedrohungssituation ist konkret nichts anderes als die Aufnahme der darin enthaltenen Information mit ihren emotionalen und axiologischen Dimensionen. Der traumatisierende Prozeß beginnt im Augenblick der Informationsaufnahme und -verarbeitung. Auslöser können Detailereignisse sein, so z.B. eine abgerissene Hand, ein Gesicht, ein markerschütternder Schrei und anderweitige visuelle oder auditive Ereignisse. Die davon betroffenen Menschen gingen anders in die Bedrohungssituation hinein als sie herauskommen. „I'm not the same person I was before - something broke inside of me (...). The traumatic event marks a radical break and subsequent change in personality and behavior" (Solomon 1993,164). Auffallend sind immer wieder die Aussagen von Betroffenen, die von einer "Wende" in ihrem Leben sprechen. Sie seien anders geworden, sie fänden nicht mehr zu sich selbst.

Dieser traumatisierende Wandel kann sich sehr kurzfristig vollziehen. Ein Erdbeben von nur wenigen Sekunden, ein Schußwechsel, ein heranrasendes Fahrzeug, das explodiert, der Anblick von Verstümmelten, ein Schlag ins Gesicht, eine verbale Drohung u.v.m. reichen dafür aus. Der traumatisierende Effekt kann aber auch, wie z.B. in der Gefangenschaft, in Einzel- und in Folterhaft, Tage, Wochen oder Monate dauern. Was läuft in solchen Fällen psychozerebral ab?

Besprochen wurden die Distressprofile und ihre auslösenden Bedingungen in den vorhergehenden Kapiteln. Daher sei hier erinnert, daß dysfunktionaler Stress nicht mehr zu stoppen ist, wenn er "in action" angefangen hat zu wirken. Hier seien daher zwei Phasen unterschieden, und zwar die Distressphase einerseits und ihre Überführung in die traumatisierende Phase andererseits. Dies besagt aber nicht, daß Distress automatisch einen traumavulnerablen Zustand vorbereitet. Dazu müssen mehrere Bedingungen erfüllt sein.

(1.) Die Distressphase

In der Regel erfolgen Einbrüche im Informationsumsatz von den perzeptiven über die kognitiven zu den aktionalen Operationen. Einbußen erleiden zuerst das Vorauskalkulieren und das Erkunden der Situation (Kap. 4, 8). Das sind anspruchsvolle Fähigkeiten, die zur Selbststeuerung sowie zur Situationskontrolle und -bewältigung notwendig sind. **Der dysfunktionale Stress greift so überlebenswichtige Stellen an**.
Mit fortdauerndem Distress tritt jetzt immer mehr das Erwartete und das Einfache in den Vordergrund. Erwartetes ist aber das, was im Individuum schon erfahrungsbiographisch vorhanden ist, das schon bekannt ist und das bereits gedacht wurde. Einfaches ist das, was das Gehirn noch ohne Anstrengung bewältigen kann. So wird das individuell bekannte und zudem einfache Erleben erwartet, die andersgeartete Einsatzrealität schafft dann aber die psychischen Voraussetzungen, dieses nicht erwartete Gesehene oder Gehörte noch verarbeiten zu müssen. Der Soldat steht jetzt an der Schwelle zum traumatisierenden Prozess. Damit ist aber nicht gesagt, daß eine Distressphase uneingeschränkt in die traumatisierende Phase übergeht. Dazu sind weitere Risikofaktoren notwendig.

Der kritische Zeitpunkt ist das Umkippen der Selbststeuerung in die Fremdsteuerung. Von diesem Augenblick an ist das Individuum traumagefährdet.

Bereits hier wird deutlich, daß die psychische Gefährdung durch eine spezielle Ausbildung verhindert oder wenigstens entschärft werden kann. Durch Erhöhung der Distressresistenz und durch das Lernen von Strategien für den Umgang mit lebensbedrohlichen Extremlagen lassen sich bereits im Vorfeld traumatisierende Effekte abfangen oder in Schranken halten. Richtwert ist hierbei ein Menschenbild, in dem die erwähnte Selbststeuerung des Individuums einen zentralen Ausbildungsrichtwert einnimmt (Kap. 5).

(2.) Die traumatisierende Phase

Bleiben Bedrohungslagen auf den Distress beschränkt, dann haben diese kaum einschneidende Nachwirkungen. Mündet der Distress aber in die traumatisierende Phase, dann ist mit insuffizientem Verhalten zu rechnen. In einer existentiell bedrohlichen Extremlage kann die Distressphase exzessive Verlaufsformen annehmen. Ein Gegner, der mit seiner Waffe droht, während man selbst Ladehemmung hat, eine Feuerwand, die auf einen zukommt, ein vom Rumpf getrennter Kopf, Folterungen, soziale Demütigungen, Hilflosigkeit u.v.m. können traumatisierende Situationen sein, die den Soldaten unter den ungünstigen Voraussetzungen des dysfunktionalen Stresszustandes erreichen. Das können das Sehen von schrecklichen Dingen sein, das Hören von markerschütternden Schreien oder das Tasten von ekligen Substanzen, die das Individuum als bedrohlich einstuft.
Meistens existieren im Gedächtnis dazu noch keine ähnlichen Erfahrungen. Der traumatisierende Prozeß beginnt in dem Augenblick, in dem das Bedrohungsmuster erkannt, gespeichert, aber nicht individualbiographisch als Erfolg verarbeitet wird. In diesen Fällen gelingt es nicht, die akute Bedrohung in das individuelle Werte- und Handlungssystem einzuordnen.

Die Bedrohungsinformation wird ohne Individual- und Sinnkodierung gespeichert.

Der Kontext mit den eigenen Einstellungen und Überzeugungen läßt sich nicht mehr herstellen. Dazu wären umfangreiche kognitive Operationen notwendig. Diese sind aber auf einen IHH angewiesen, dem auch in lebensbedrohlichen Extremsituationen noch genügend Reserven zur Verfügung stehen. Für Notlagen sollte daher immer noch eine **Restkapazität** vorhanden zu sein, die z.B. für Vorauskalkulationen, für axiologische Einordnungen des Geschehens bei Folterungen, für die Kontrolle des eigenen Tuns und für rasche Reaktionen des eigenen Verhaltens bereitsteht. Diese Voraussetzung ist aber nur durch eine **bedrohungsnahe Ausbildung mit außergewöhnlichen und extremen Inhalten** zu gewährleisten.

Das Bedrohungsprofil wird nach den bisherigen Ausführungen **kontextlos** im Gedächtnis behalten, wodurch die Vehemenz der akuten existentiellen Bedrohung mit ihrem Schrekken und ihrem hohen Emotionswert uneingeschränkt erhalten bleibt und unkontrolliert wirkt. Durch die nicht vollzogene Verbindung mit dem individuellen Wertesystem wirkt das Bedrohungsbild in seiner ursprünglichen Struktur weiter. Die Bedrohung mit ihren psychovegetativen Alarmfunktionen ist permanent und unwillkürlich aktiv. Sie taucht daher in Träumen auf, erzeugt Flashbacks und Handlungszwänge aus der Initialphase. Man gewinnt den Eindruck, als ob das gespeicherte Bedrohungsmuster an seinen Besitzer appelliere, nun doch endlich Sinngebung und Einordnung in den Erfahrungshorizont vorzunehmen.

Gespräche mit Betroffenen zeigen, daß das pathogene Ereignis oftmals überfallartig erlebt wird. Es wirkt wie eine **Episode im Informationschaos des Bedrohungsszenarios**. Daher ist hier von **visuellen oder auditiven Episoden** zu sprechen. Sie können blitzartig wirken.

Da ist das zerschossene Gesicht, da ist die alte halbverhungerte Frau, da rennt einer auf dich zu und schießt, da wird jemand zu Tode geprügelt, da rennt einer um sein Leben, da wirst du gefoltert, das Schreien, die gequälten Gesichter - sie gehen nicht mehr weg, sie kommen einfach und verbreiten in dir Angst und Schrecken.

(3.) Der Cut-off point

Unser Gehirn ist so konstruiert, daß es Überlebensstrategien entwickelt, um damit Risikofaktoren zu reduzieren und Gefahren bzw. Bedrohungen abzuwehren. Im Alltag und im Einsatz funktioniert dieser Mechanismus auch angemessen, sonst würde wohl niemand nach dem Erleben von Bedrohungssituationen weiterleben können. Allerdings gibt es akute Lebenslagen, in denen die bewährten Überlebensstrategien versagen. Nach den bisherigen Ausführungen ist dies der Fall, wenn die Distressphase einen Grenzwert überschreitet, von dem ab die Informationsverarbeitung und die sie begleitenden Emotionen eskalieren, wodurch die traumatisierende Phase eingeleitet wird. Daher sei hier von einem **traumatisierenden Cut-off point** gesprochen (Abb. 20). In solchen Fällen verlieren Einsatzkräfte Zug um Zug die Kontrolle über die Lage. Der dysfunktionale Stress nimmt zu. Die Selbststeuerung kippt in Fremdsteuerung um. Das wurde bereits weiter vorne erwähnt. Was zurückbleibt, ist die **Informationsepisode mit ihrem Bedrohungsgehalt**.

Der Cut-off point setzt gewissermaßen das Kontroll- und Bewertungsverfahren außer Kraft und ersetzt es durch den traumatisierenden Vorgang. Der davon Betroffene weiß nicht mehr weiter, wobei die vermeintliche finale Grenze mental sehr unterschiedlich gehandhabt wird. Der grundsätzliche Unterschied zwischen High-Stress-Coping und Traumatisierung besteht darin, daß die existentielle Bedrohungslage im ersten Fall **bewältigt**, im zweiten Fall dagegen **erlitten** wird. Die psychische Vulnerabilität hat vermutlich hier einige ihrer

Wurzeln. So läßt die Widerstandskraft allmählich nach. Vermutlich tragen die extremen Belastungen und die direkt erlebte Todesnähe dazu bei, daß sich Ermüdung, Selbstaufgabe und anderweitige affine Zustände allmählich bemerkbar machen.

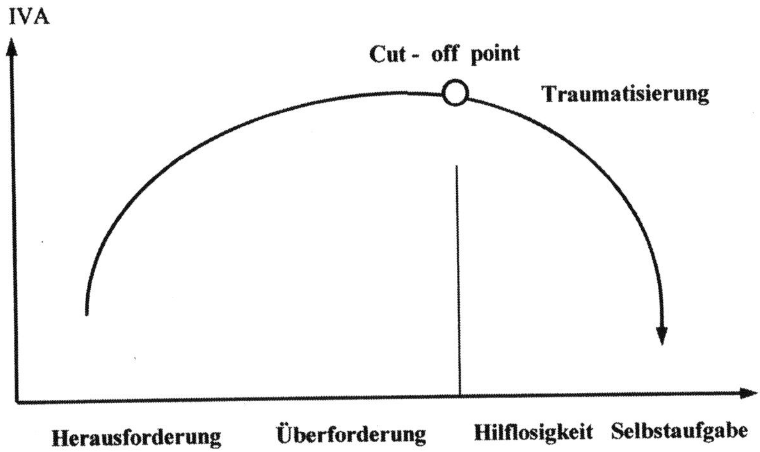

Abb. 20: Der traumatisierende Cut-off point.

Zusammenfassend läßt sich sagen, daß Einsatzbelastungen und Krieg allein noch nicht ausreichen, um PTSD auszulösen. Oftmals wirken mehrere Bedrohungsprofile und Vulnerabilitätsrisiken zusammen. Im einzelnen ist dies folgendes:

1. Der Soldat ist unangemessen ausgebildet, d.h. der Soldat ist nicht einsatz- und gefechtsnah auf außergewöhnliche und extreme Belastungen, die auf ihn zukommen, vorbereitet;
2. Der Soldat kann mit seinen individuellen Grenzbelastungen nicht umgehen;
3. Der Soldat erfährt nur Mißerfolge;
4. Der Soldat hat keine sozialen Stützsysteme, z.B. durch Kampfgemeinschaften und Familie.

Je mehr solche Risikofaktoren zusammentreffen, um so ausgeprägter ist die **psychische Vulnerabilität**, d.h. um so eher können traumatisierende Effekte auftreten. Kurzgefaßt läßt sich der günstige Nährboden für PTSD folgendermaßen zusammenfassen: psychische Vulnerabilität, extreme Ereignisse mit hoher Intensität und mangelhaftes soziales Netzwerk. Das wird im nächsten Kapitel noch etwas ausführlicher besprochen.
So konnten, wie bereits angedeutet, bei der Betrachung von Videosequenzen mit Originalszenen psychovegetative Reaktionen dann ausgelöst werden, wenn erfahrungsbiographisch bereits ähnliche Erlebnisse vorliegen, die nicht bewältigt wurden und mit Furcht bzw. Angst belegt sind. Die elektrodermalen Aktivitäten, die Herzfrequenz und die Hauttemperatur reagierten heftiger auf Bedrohungslagen, für die kein informationell-emotionaler Kontext hergestellt werden konnte.

6. 2. 3 Bedrohungsprofile und Vulnerabilitätsrisiken

(1.) Divergenzen

Divergenzen entstehen nicht nur zwischen Lageinformation und IHH, sondern Divergenzen entstehen auch, wenn z.B. das eigene Tun mit dem Gewissen nicht übereinstimmt oder Denkinhalte und Gefühle sich widersprechen. Divergenzen intensivieren traumatische Wirkungen. So können traumatische Störungen eher entstehen, wenn der Bedrohte bereits eine hohe psychische Verletzbarkeit aufweist. Zur Eindämmung oder Kontrolle der divergierenden Prozesse sind metakognitive Operationen notwendig. Das sind kognitive Techniken, mit denen das Individuum versucht, die auseinanderstrebenden Aktionen, Gewissensalternativen, Denkinhalte und Emotionen wieder zusammenzuführen bzw. ihr weiteres Auseinanderdriften zu verhindern. Das Individuum steht mit den Metakognitionen gewissermaßen über den traumatisierenden Ereignissen.

Während sich die Divergenzen je nach traumatisierendem Effekt blitzartig oder allmählich ausbilden können, handelt es sich bei den noch zu besprechenden Separierungen um aktive kognitive Aussonderungsoperationen des Individuums.

Traumatische Syndrome können eher entstehen, wenn vulnerable Stellen bereits vorhanden sind und konfliktträchtige Zustände dazukommen. So kann die Vulnerabilität zunehmen, wenn gleichzeitig die Intensität der traumatisierenden Situationen ebenfalls steigt.

Einen mental-emotionalen und axiologischen Divergenzfall verursachen vor allem bei Peacekeeping-Einsätzen die Rules of Engagement. Danach sind die Waffen im Rahmen deeskalierender Maßnahmen nur in lebensbedrohlichen Lagen zum Eigenschutz einzusetzen. Das kann dazu führen, daß Soldaten, aber auch Polizeibeamte zusehen müssen, wie Menschen verstümmelt werden, ohne daß sie eingreifen dürfen. Das ist, wie bereits erwähnt, **befohlene Hilflosigkeit**. Solche Divergenzsituationen lösen **Identitätskrisen** aus. Sie verunsichern Soldaten und Polizeikräfte. Bei Einsatzkräften, die Maßnahmen zur Deeskalation durchführen müssen, erhöht sich die Trauma-Wahrscheinlichkeit.

Für die Ausbildung bedeutet dies folgendes: Ausbildungskonzepte sind nach enthaltenen Widersprüchen abzusuchen. Hierbei geht es um Widersprüche, die mentale, ethisch-moralische oder einsatzphilosophische Auswirkungen haben können. Zu denken ist an die Rules of Engagement bei Peacekeeping-Einsätzen oder an die Deeskalationstaktiken. Sie müssen bedrohungsorientiert überprüft, d.h. in eine dosierte Eskalationsstrategie umgewandelt werden. Das **Deeskalationskonzept** ist eine politische Vorgabe, die nicht nur den Gesetzmäßigkeiten des menschlichen Verhaltens widerspricht, sondern auch ethisch-moralisch verwerflich sein kann. Soldaten, aber auch Polizeibeamten, die im Zuge von Peacekeeping-Einsätzen Verletzungen, Tötungen und materialen Zerstörungen zusehen müssen, können nicht nur psychische Störungen entwickeln, sondern auch Kon-

flikte mit ihrem eigenen Werte- und Rechtsempfinden erleiden. Deeskalationsverursachte Traumen nehmen seit einiger Zeit auffällig zu.
In gleicher Weise ist die Homogenität in der Sinngebung zwischen Einsatzkräften, Führungskräften und den für den Einsatz zuständigen Politikern zu überprüfen. Stehen letztere nicht hinter ihren Soldaten im Einsatz, dann breitet sich Einsatzunsicherheit aus, die bekanntlich ein Nährboden für posttraumatische Belastungsstörungen ist.

(2.) Separierungen

Bislang wurde immer nach der Entstehung der Traumen gefragt, nicht aber danach, unter welchen Bedingungen **keine** traumatisierenden Prozesse in Gang kommen. Zu fragen ist jetzt nach einer gewissen Traumaresistenz.
Um traumatisierende Prozesse abwehren zu können, müssen mindestens zwei Bedingungen erfüllt sein, und zwar die stereotypisierte und relativ separate Handhabung aktionaler und informationeller Muster einerseits sowie die Handhabung emotionaler Befindlichkeiten und axiologischer Positionen andererseits (Abb. 21). So gibt es Täter, die Menschen töten, und anschließend ohne Gewissenskonflikte ein Konzert besuchen oder eine Wohltätigkeitsveranstaltung eröffnen. Der Volksmund spricht hier von "doppelter Moral". In diesen Menschen herrschen keinesfalls schizophrene Strukturen vor, sie sind nicht in sich verrückt, sondern vielmehr befähigt, die in der Abbildung 21 dargestellten Funktionsbereiche auseinanderzuhalten. Was die Hand ausführt, darf die Kognition nicht registrieren, die Emotion nicht erfühlen und die Axiologie nicht bewerten. So werden Genickschüsse verteilt und hinterher eine gemütliche Runde gepflegt und die Kirche mit Familie besucht. Die Taten werden säuberlich von den Emotionen und dem persönlichen Wertegefüge (falls eines existiert) ferngehalten. Das sind **Separierungen,** mit denen sich Menschen in die Lage versetzen können, Aktio-

nen, Emotionen, Wissen über etwas und ethisch-moralische Werte isoliert zu handhaben. Eine Tötung wird z.B. ethisch nicht bewertet, die Gefühle werden nicht zugelassen und die Information über den Getöteten wird nicht gespeichert oder nicht eingeholt.
Die Separierung ist von der Dissoziation zu unterscheiden. Während diese unkontrolliert die Leistung des Betroffenen einschränkt, handelt es sich bei der Separierung um einen aktiven mentalen Vorgang des psychischen Selbstschutzes. Solche internen Separierungen können lange traumafrei ablaufen, sogar ein Leben lang. Beginnen aber intervenierende Prozesse zwischen den vier genannten Funktionsarealen zu wirken, besteht auch noch nach vielen Jahren die Gefahr, an PTSD zu erkranken. Vor allem im Alter verlieren die psychischen Separierungsmechanismen ihre Wirkung. Daher können sich noch nach vielen Jahren PTSD-Syndrome als Spätfolgen einstellen.

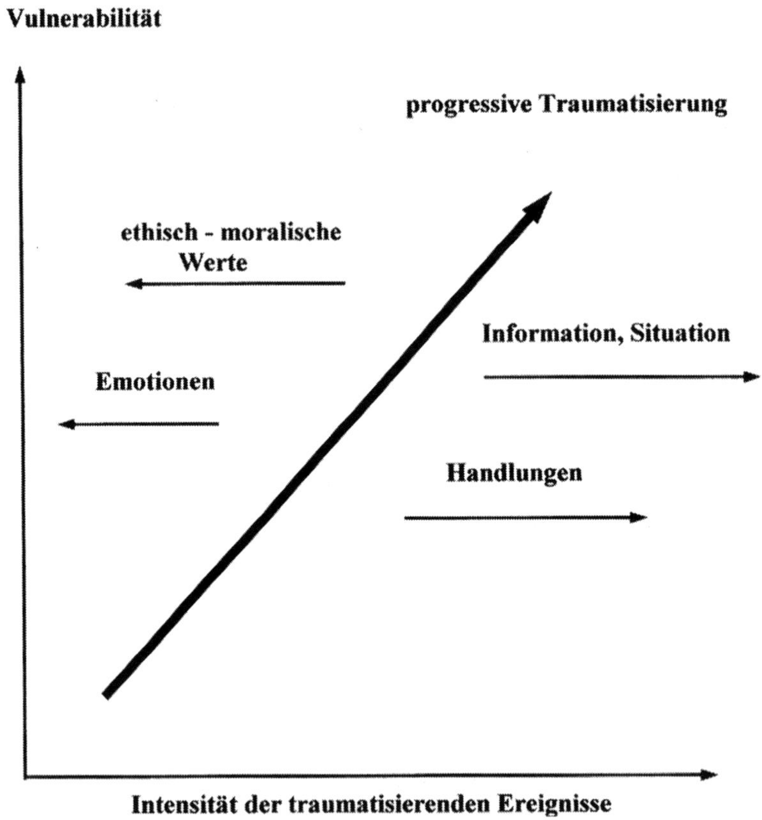

Abb. 21: Separierungsvariablen.

Die geschilderten mentalen Separierungsoperationen haben zwei Seiten zur möglichen Ausbildung einer Traumaresistenz, und zwar eine **kriminelle** und eine **präventive**. Zeigt sich doch, daß der Umgang mit Separierungen ereignisbedingte traumatische Belastungsstörungen und PTSD verhindert. Dazu muß allerdings dieses Phänomen noch etwas genauer analysiert werden.

Da die angesprochenen kognitiven Muster und Operationen für die Entwicklung präventiver Maßnahmen grundlegend sind, sollen einsatzpraktische Beispiele vorgestellt werden. Dazu kommen Probanden zu Wort.

„In Bedrohungssituationen ist es wichtig, sich neben den Vorgang zu stellen. Man ist dann geradezu Beobachter von außen. Dadurch läßt sich die Situation besser beherrschen".

Was hier abläuft, ist der Einsatz der Selbststeuerung auf einer Metaebene. Von einer höheren kognitiven Ebene aus wird der Vorgang betrachtet und kontrolliert.

„Zerstückelte Leichen anzufassen und zu transportieren läßt sich rasch lernen. Man muß nur genügend Leichen zum Üben haben. Zuerst werden sie mit der Fußspitze berührt, dann hin und her gewälzt. Anschließend hebt man sie hoch, läßt sie wieder fallen, hebt sie hoch und nimmt sie sogar in den Arm. Man muß körperlich aktiv sein, wenn man die Stelle anschaut und anfaßt, die zerstückelt ist. Keinesfalls darf man die Stelle regungslos anstarren. Tue etwas, laß die Zerstückelung nicht an dich herankommen".

Hier wird mehr das aktional-somatische Areal aktiviert und sogar Perfektionierung angestrebt. Dadurch läßt sich dieser Bereich leichter von den übrigen trennen.

„Wenn man mit einer Handlung, die man ausführen muß, nicht einverstanden ist, dann hilft die Automatisierung der Handlung. Man kann sich dann auf die Abwehr der bösen Gedanken konzentrieren. Die Verantwortung läßt sich so auch außerhalb der eigenen Handlung halten. Abgesehen davon, kann man sich an der perfektionierten Handlung festhalten. Je mehr Perfektion, um so leichter geht alles, nur an der Handlung entlangdenken".

Dieser Proband zeigt die Fähigkeit, die eigenen Wertevorstellungen außer Reichweite zu lassen. Dazu sind aber mentale Ressourcen notwendig. Durch eine spezielle Ausbildung zur Automatisierung der jeweiligen Aktionen wird der IHH weniger beansprucht.

„Man muß alles zum Objekt machen, Kinder, Erwachsene, einfach alles. Keinesfalls darf man Verbindungen herstellen z.B. zwischen einem Kind und seiner Puppe oder Großmutter. Dann ist man verloren. Immer im gedanklichen Schema bleiben, nicht darüber nachdenken, was da herumliegt“.

Hier wird die mentale Strategie deutlich, gefährliche emotionale Verbindungen (z.B. Kind und Puppe) nicht zuzulassen. Sie dürfen keinesfalls miteinander gedanklich assoziieren. Sie werden von erfahrenen Einsatzkräften oftmals separiert.

Separierungen erwähnt auch Bettelheim in seinen KZ-Erfahrungen, wenn er schreibt, „daß er den Transport und alle Mißhandlungen nur deshalb überstanden (habe), weil er schon ganz am Anfang zu der Überzeugung gelangte, daß diese schrecklichen und entwürdigenden Erfahrungen nicht ‘ihm’ als Subjekt, sondern nur ‘ihm’ als Objekt zustießen“ (Bettelheim 1980, 72/73). Er schreibt weiter, daß er das Geschehen wie aus weiter Ferne beobachtet habe. Viele Gefangene hätten das gleiche Gefühl der „Distanziertheit“ entwickelt, so als ob ihnen das alles gar nichts ausmache. Die Separierungen sind offensichtlich der Versuch der Gefangenen, ihre Integrität zu bewahren, so Bettelheim. Diese mentale Strategie der Separierungen trägt dazu bei, daß vieles leichter ertragen werden kann.

„Das Erforderliche vollbringe ich wie außerhalb meiner selbst. Die Empfindungshaut ist dagegen taub“ (Friedrich 2002, 502), ist die Aussage eines Bombenkriegbetroffenen. Die von Friedrich (2002) beschriebenen Fälle sind derart treffend und umfassend, daß hier noch einige Überlebende der Bombenangriffe auf deutsche Städte zu Wort kommen sollen.

„Gegen das Retten hatte ich zunächst innere Hemmungen, weil ich mich scheute, die vielen Leichen anzufassen“. „Man beginnt zögernd, bis ich mir einen moralischen Stoß gab >du mußt<“ (503). „Dabei war mir auffällig, daß ich, obwohl ich sonst nicht der stärkste bin, ungewöhnlich große Körperkräfte hatte. Eine Kinderleiche habe ich mit Leichtigkeit mit einer Hand gehoben. Seelisch war ich unbeteiligt" (503). „Im nachhinein protokollierte Berichte zeichnen das Ich des Bombenkrieges gelegentlich als das zweite Ich. Es unterscheidet sich vom ersten Ich durch die Panzerung des Empfindens. Sie läßt Schock und Entsetzen nur gedämpft durchdringen. Das erste Ich würde die Flut der Schauderanblicke nicht meistern" (503). Beim Anblick einer schrecklichen Situation: „Es war mir so, als ob ich es nicht selbst wäre, der es sieht, sondern ein Fremder. Ich hatte gar keinen erlebenden Anteil daran" (504).

Menschen sind offensichtlich in der Lage, Handlungen, Gefühle, Gedanken und Werte jeweils gesondert zu betrachten und einzusetzen. Dies hilft, Traumen zu verhindern. Die andere Seite besteht aber darin, auch Untaten zu begehen, indem z.B. Emotionen und Moral separiert werden. Die Tat wird dann ohne Begleitwahrnehmungen vollzogen. Genickschüsse belasten somit die Täter nicht. **Das Gewissen ist separiert**. Diese Fälle sind nicht selten. Ein Rettungssanitäter sagte dem Autor nach einem Vortrag, daß er ohne belastende psychische Probleme arbeiten könne, sein akuter Zustand aber ihn auch in die Lage versetze, jemanden umzubringen.

Die Frage nach der Ausbildung mentaler Separierungstechniken wird nun deutlich, um Traumatisierungen und ihren Folgen bei Soldaten, Rettungsdiensten und Polizei vorzubeugen. Bei einigen der besprochenen Fälle funktionieren Separierungen, ohne daß die betroffenen Einsatzkräfte überhaupt wissen, wie diese Prozesse ablaufen. Hier liegt oftmals Zunftwissen vor, das über Einsatzgenerationen weitergeben wird.

Eine Ausbildung der Separierungstechniken ist aber ohne ethisch-moralische Begleitung nicht denkbar. Davor zu warnen ist, Seaprierungen **ohne** Verankerung in ein religiöses Wertesystem vorzunehmen. Eine wertfreie Separierungsfähigkeit schafft die Voraussetzungen für unkontrolliertes Töten, eine axiologisch verankerte bildet dagegen die Basis für einen wohlüberlegten und verantwortungsvollen Waffeneinsatz. An dieser Stelle ist die Axiologie der Ausbilder angesprochen. Notwendig wird in diesem Zusammenhang eine **einsatzbezogene Ethik**.

(3.) Nicht immunisierende Informationsverarbeitung

Eine weitere Gefährdungsstelle ist eine nicht immunisierende Informationsverarbeitung. Die traumatisierenden Ereignisse können so nicht direkt abgewehrt werden. Dazu fehlen für die individuellen Notlagen die nötigen Abwehrstrategien und die schon erwähnten Restreserven. Sie sind aber notwendig, um z.B. Grausamkeiten, Folter und soziale Demütigungen heraus zu filtern, abzuwehren und Bewältigungsaktionen zu mobilisieren. „An emotional trauma occurs when the individual feels that he cannot keep out the stimuli with which he is being flooded. He feels helpless and believes that he cannot find the resources needed to cope effectively with the external stress" (Solomon 1993, 165).
An dieser Stelle sei daran erinnert, daß z.B. stabile Wahrnehmungs- Denk- und Handlungsmuster störungsfreier ablaufen als weniger stabile. Die souverän beherrschten Aktionen sind weitgehend störungsimmun. Davon sprachen auch die vorhin erwähnten Probanden. Das zeigen auch Täter, die Menschen mit Genickschüssen umbringen. Sind die Fertigkeiten stabil, geradezu perfekt, können diese mental einwandfrei und auch isoliert gehandhabt werden. Der Ablauf ist weniger störanfällig. Vergleichbar wären hier routinierte Arbeitsabläufe. Diese sind auch weniger störbar. Voraussetzung für diese aktionale Qualität ist der Drill. Er stabilisiert nicht nur die genannten Muster für Führung und Kampfeinsatz vor Ort, sondern er schafft auch gleichzeitig Reserven für die Eigenkontrolle einströmender traumatisierender Stimuli.

(4.) Selbstaufgabe

Die Selbstaufgabe ist die finale Phase fremdgesteuerter Extrembedrohungen. Das Individuum erkennt, daß es offensichtlich keine Chancen mehr hat, die eigene Existenz zu sichern. Vorbereitet wird die Selbstaufgabe durch Störungen der Integrität und Identität. Die besondere PTSD-Gefährdung ist darin zu sehen, daß solche Betroffenen meistens kein stabiles Weltbild besitzen. Sie haben den Bedrohungen nichts an innerem Halt und an Werten entgegenzusetzen. Durch Fremdsteuerung erzogene Menschen sind leichter aus ihrer inneren Balance zu bringen als Menschen, die Selbststeuerung lernten und religiös verwurzelt sind. So ist der Selbstmord in vielen Fällen der letzte Versuch, die Fremdsteuerung in Selbststeuerung umzuwandeln. Das ist dann der finale Akt.

(5.) Todessehnsucht

Eng mit der Selbstaufgabe verbunden ist die Todessehnsucht in psychischen Extremlagen. Verstärkt wird diese Einstellung noch dadurch, daß in unserer heutigen sozialen Welt der Tod tabuisiert ist. Der akute Denkhorizont reicht in solchen Fällen meistens nicht mehr aus, um den Tod tatsächlich mitzubedenken. Die bedrohten Menschen möchten rasch von der akuten Bedrohung loskommen. Die Konsequenzen ihrer todbringenden Handlungen werden in der Regel von ihnen nicht mehr bewertet. Die Vorauskalkulationen reichen dazu in der psychischen Notlage nicht mehr aus.
Der Sprung vom Fensterbrett bei herannahendem Feuer wird von folgender Alternative bestimmt: innenseitig heiß - außenseitig kühl. Der Bedrohte strebt zur kühlen Umgebung. Bis zum Aufschlag auf dem Boden wird aufgrund von Ressourcenmangel nicht gedacht. Die akute Bedrohung durch das Feuer wird zudem als gefährlicher eingeschätzt als der

Sprung in die Tiefe mit der eigenen Finalität. Der IHH ist in Todesnot weitgehend verbraucht.
In Todesnot wandern manche aus der Lage aus und geben sich vorzeitig auf. Lassen wir einige Probanden selbst zu Wort kommen:

„Laß doch alles gehen, das Leben wird so anstrengend"; ein Soldat über sein schlimmstes Feuergefecht".

„Wozu noch leben, ich lasse mich überrollen, das ist alles so schwer"; ein Autofahrer kurz vor einem Zusammenstoß.

„Ich wurde plötzlich so müde"; ein Fallschirmspringer, der noch im letzten Moment seinen Reserveschirm zog.

Zu fragen ist hier, mit welchen Ausbildungsverfahren es möglich wäre, den Überlebenskampf in allen Lebenslagen so zu lenken, daß sich der einzelne nicht vorzeitig aufgibt.

(6.) Verwundung und Tod

Aufgrund der verschiedenen NATO-, EU- und VN-Einsätze mit unterschiedlichen Aufträgen etablierte sich inzwischen ein breites Themenspektrum in der Aus- und Fortbildung über Verwundung und Tod. Wurde doch der gesamte Themenblock bis in die 90er Jahre hinein weitgehend innerhalb der deutschen Streitkräfte tabuisiert. Aufgrund des vorherrschenden Friedensverständnisses waren Verwundung und Tod keine realen Vorkommnisse. Erst mit der Zunahme von internationalen Einsätzen wurden die beiden Begriffe als ausbildungsrelevant akzeptiert (ZInFü 1996 a).
Zu unterscheiden sind eine **psychische Verwundung**, die als Psychotrauma zu verstehen ist, und eine **physische Verwundung**. Die physische Verwundung fällt in den Bereich der medizinischen Maßnahmen, der Ersten Hilfe, die hier

nicht angesprochen werden. Die Maßnahmen der psychologischen Kameradenhilfe, der Sofortbetreuung, der Beratung, des Debriefings und der Therapie stehen hier ebenfalls nicht zur Diskussion. Sie sind in der genannten Literatur zu diesem Themenblock umfassend vorgestellt.

Akzentuiert werden soll hier das Problemfeld, das den Umgang mit Verwundung und Tod einsatznah markiert. Hierbei ist davon auszugehen, daß die intensiven Maßnahmen für den Soldaten nicht nach der psychischen Verwundung zu beginnen haben, sondern so rechtzeitig, daß diese Verwundung möglicherweise verhindert werden kann oder das Verletzungsrisiko relativ gering bleibt.

Dies ist durch folgendes näher zu skizzieren:

1. Die eigenen Verluste sind um so geringer, je besser ausgebildet wurde.
2. Der Umgang mit der eigenen Verwundung ist auszubilden. Sicher ist dieser Umgang je nach dem Grad der Verwundung zu staffeln. So heißt ein Streifschuß oder eine Wasserblase nicht unbedingt Einsatz- oder Gefechtsausfall. Der Umgang mit der Verwundung innerhalb der Operation einer Spezialeinheit ist eine besondere Lage. Sie ist in ihren Nuancen ebenfalls vorzubereiten.
3. Eine spezielle Ausbildungsvariante ist die verschobene Sensibilitätsschwelle. Gemeint ist damit, daß schon Wasserblasen zum Ausfall führen können. Das kann für die übrigen Soldaten z.B. im Zug je nach Einsatz lebensgefährlich sein. Daher muß eine solche Sensibilitätsschwelle zugunsten einer höher angesiedelten Ausfallschwelle verändert werden. Das läßt sich üben. Gelegenheiten dazu bieten die Einzelkämpferlehrgänge für die Offizieranwärter. Für die Mannschaften sind dazu spezielle Ausbildungsabschnitte vorzusehen.
4. Der Tod eines Kameraden ist als sehr schmerzhafter Verlust anzusehen. Das darf aber keinesfalls dazu führen, daß die laufende Operation zusammenbricht oder die Auf-

merksamkeit zurückgeht. Dies kann in Grenzen ausgebildet und geübt werden.

5. Tote Kameraden werden nicht zurückgelassen. Tote Kameraden sind auch aus dem zerstörten Panzer zu holen, aus dem Gefechtsstand oder aus den Häusern zu bergen. Ebenso sind Kameraden mitzunehmen, die verstümmelt sind, deren Extremitäten vom Rumpf getrennt sind, deren Kopf vom Rumpf getrennt wurde. Innerhalb der Bergungsmaßnahmen ist der Umgang mit Leichen ebenso zu üben wie das Tragen von Körperteilen. Dazu müßten aber zuerst die Ausbilder unterwiesen werden.

(7.) Das Stockholm - Syndrom

Das unter Stockholm-Syndrom bekannt gewordene Geiselphänomen besteht darin, daß sich in diesem Falle Geiseln und Gefangene mit den Absichten der Geiselnehmer identifizieren. Beide entwickeln eine zunehmende Loyalität ihren Peinigern gegenüber. Dieser Mechanismus wird oftmals gezielt in der Gefangenschaft und in der Geiselhaft von den Bewachern herausgefordert. Er besteht im wesentlichen darin, daß die Gefangenen in eine hohe Bedürfnisspannung versetzt werden. Dies läßt sich durch Nahrungsentzug, Schlafentzug oder Entzug der elementaren hygienischen Belange erzeugen. Mit dem Überbringen z.B. der Nahrung durch einen ausgesuchten Bewacher entsteht allmählich eine enge emotionale Bindung zwischen den Gefangenen und dem Überbringer der Nahrung. Das während des Essens entstehende angenehme Gefühl der allmählichen Sättigung wird auf ihn operant konditioniert. Essen oder Trinken, aber auch hoffnungsvolle Gespräche z.B. über die baldige Entlassung sind mit ihren Begleitemotionen spezifische Verstärker solcher sozialen Beziehungen. Auf diesem Wege können sehr starke Abhängigkeiten innerhalb kurzer Zeit erzeugt werden. Die Bewacher müssen nur die Konditionierungstechniken beherrschen. Gegenmaßnahmen sind möglich.

(8.) Geiselhaft und Gefangenschaft

Während in den amerikanischen, französischen und englischen Streitkräften schon lange ein Regelbedarf vorhanden war, für das traumafreie Überleben in Geiselhaft und Gefangenschaft auszubilden, drang dieser Wunsch in den deutschen Streitkräften erst nach 1990 etwas in den Vordergrund. Selbst Gespräche und Texte darüber wurden ignoriert. Bei kriegserfahrenen NATO-Mitgliedern gehörten die genannten Begriffe und Themen schon immer zum Ausbildungsprogramm. Erst im Zuge zunehmender Einsatzaufträge in den laufenden 90er Jahren traten die Themenkreise der Geiselhaft und Gefangenschaft etwas mehr in den Fragekreis der deutschen Fortbildung (ZlnFü 1996 a). Dennoch weist dieses Themenspektrum nach wie vor präventive Ausbildungsbarrieren auf, die nachstehend näher zu betrachten sind. Sind doch Geiselhaft und Gefangenschaft traumainitiierende Aufenthaltsorte, wenn zuvor nicht gründlich genug darauf vorbereitet und ausgebildet wurde.

Grundsätzlich sind Kenntnisse über das Verhalten bei Geiselnahme und Gefangenschaft notwendig. Obwohl der juristische Status zu unterscheiden ist, wird zukünftig kaum noch eine Differenzierung in der Behandlung der Festgesetzten zu erwarten sein. Der Umgang mit ihnen wird sich verschärfen. Humanitäre Gepflogenheiten werden kaum noch beachtet. Die Rechtslage wird ignoriert. Soldaten müssen bei zukünftigen Einsätzen jeglicher Art in der Lage sein, psychischen und physischen Folterungen und extremen Vernehmungsmaßnahmen (psychodramatischen Verhören) weitgehend Stand zu halten.

Schockierend wirkt z.B. der plötzliche Freiheitsentzug. Er ist verbunden mit einer weitgehend sensorischen Deprivation. Die dadurch ausgelöste Furcht vor dem Ausgeliefertsein nimmt in diesem Augenblick oftmals dramatische Formen an. Die Verunsicherung mangels Umgebungsinformation und Information über die Absichten der Bewacher bzw. Geiselnehmer erhöht den dysfunktionalen Stress. Dieser reduziert wiederum die Informationsverarbeitung so weit, daß zuerst die in Kapitel 4 (7) erwähnte **Prospektivinformation** zusammenbricht. Die Gefangenen hören auf zu planen. Sie leben immer mehr nur noch aus der Gegenwart heraus. Selbst ihr Zeitgefühl wird irritiert. Auffallend ist hierbei, wie sich im Laufe der Zeit mehr oder weniger schnell das individuelle Denkrevier, der Denkhorizont, reduziert. So verschwindet allmählich nach der Prospektivinformation auch die **Präinformation.** Das ist die Information, durch die das Individuum seine Umgebung erkennt und direkt verarbeitet. Bei einem gezielten Entzug der Information (z.B. Dunkelhaft, kahle Räume, Einzelhaft) bricht auch diese Informationsverarbeitung zusammen. Der Gefangene reduziert sein Verhalten jetzt nur noch auf seine unmittelbare Umgebung. Wichtig sind nur noch die Pritsche, die hygienischen Bedingungen, Essen und anderweitige naheliegende Sachverhalte, die über die Sinnesorgane direkt wahrgenommen werden können. Reagiert wird nur noch auf unmittelbare Ereignisse. Die Informationsverarbeitung bewältigt jetzt noch die Reichweite der Sinnesorgane, in einem späteren Stadium noch die Reichweite der Arme und Beine vor Ort. Durch z.B. Fesseln und Anbinden wird auch das einfache **Feedback** noch gestört. Der Mensch wird so endgültig zum Willkürobjekt seiner Peiniger. Die einzelnen Informationsradien unterliegen jetzt der Steuerung und Kontrolle der Bewacher. Sie haben die Gefangenen psychisch besetzt.

„Eine Kugel in den Rücken, und das Leben ist vorbei: Alles aus, kein Schmerz mehr und kein Bewußtsein des Schmerzes. Aber ein Gewehrkolben im Rücken und der Abtransport ins Lager lassen einen Schmerz zurück, den niemand vergessen kann. Dieser Schlag mit dem Gewehrkolben löscht sämtliche Errungenschaften der Zivilisation aus, beraubt den Menschen seiner wertvollsten Gefühle und löscht den Sinn für Gerechtigkeit, Barmherzigkeit und Vergebung unwiederbringlich aus. Hätte man es dabei bewenden lassen, Menschen umzubringen, so hätten wir das noch akzeptieren können - schließlich ist Krieg. Aber Deportationen gehören nicht zum Krieg; die Deportation ist das Äußerste, was man einem Menschen an Demütigungen zufügen kann, und mit einer solchen Demütigung kann niemand leben" (Dizdarevic´ 1995, 65/66).

Bemerkenswert ist hierbei, daß das menschliche Denkrevier systematisch schrumpft und damit auch Gefühle und Werte schwinden. Außerdem sind die einzelnen kognitiven Radien mit unterschiedlichen Inhalten belegt. Bricht die Prospektivinformation zusammen, dann gehen die Zukunftsvisionen und die Hoffnungen verloren. Bricht die Präinformation ein, nimmt der Gefangene am sozialen Lagerleben nicht mehr teil. Besonders heftig reagieren Gefangene in diesem Stadium, wenn sie über Veränderungen in ihrem früheren sozialen Umfeld unterrichtet werden (z.B. Umzug von guten Bekannten, Scheidungen, Todesfälle oder ähnliches in der eigenen Familie). Ein stabiler sozialer Background ist in diesem Stadium besonders wichtig. Bricht auch noch das kleinste Denkrevier, die unmittelbare Rückmeldung, zusammen, dann ist der Gefangene zum Willkürobjekt degradiert. Er läßt alles mit sich machen. Die Konsequenzen seines Handelns sind ihm gleichgültig.

Die zentralen psychozerebralen Operationen, die am geschilderten Break-down beteiligt sind, sind **Selbststeuerung und Fremdsteuerung.**

In diesem Rahmen wird es aus räumlichen Gründen nicht möglich sein, auf die einzelnen Selbstschutzmaßnahmen einzugehen, die der einzelne beherrschen sollte, um auch psychische oder physische Folterungen ertragen zu können. Diese werden zunehmen, zumal schon versucht wird, ihnen ein Legitimitätsstatus zu verleihen, der sogar in einer humanitären Reichweite liegen soll.

Die nachstehenden Formulierungen stellen nur einige Ausbildungsschwerpunkte dar, die zukünftig mehr beachtet werden sollten. Aufgrund der verschiedenen NATO-, EU- und

VN-Einsätze mit unterschiedlichen Aufträge ist auch ein relativ breites Spektrum der Mißhandlungen durch den jeweiligen Gegner möglich. Daher kann es hier nur um grundsätzliche Anmerkungen gehen.

Das in der Gefangenschaft und Geiselhaft überlebensnotwendige Verhalten läßt sich ausbilden. Dies gilt bedingt auch für Folterungen. So sind inzwischen Verfahren bekannt, mit denen es gelingt, einen massiven Physio- und Psychoterror durchzustehen. Die einschlägige Ausbildung ist allerdings sehr differenziert und nur mit einem hohen Zeitaufwand realisierbar. Im einzelnen ist folgendes anzumerken:

1. Jede geographische Region produziert ihre eigenen Foltermechanismen, die oftmals über Generationen erprobt sind. Foltern stützt sich auf ein regelrechtes Zunftwissen. Das gilt für geistige, moralische und körperliche Folterungen gleichermaßen. Vor den Einsätzen ist es daher unbedingt notwendig, daß die einzelnen Soldaten mit diesen Folterbesonderheiten vertraut gemacht werden. Einiges dazu läßt sich üben. So ist z.B. das Liegen unter einem niedrigen Wellblechdach bei über 35 Grad im Schatten erlernbar. Ausschlaggebend ist hierbei, daß der einzelne seine beste Liegeposition ausmachen kann. Das kann die Rücken- oder die Bauchlage sein. In der Regel achten die Bewacher nicht darauf, welche Liegeposition eingenommen wird. Der erworbene Übungseffekt reicht meistens aus, um die anschließend verlangten Aussagen bzw. Geständnisse unter Kontrolle zu halten.
2. Folterungen und die damit verbunden Schmerzen sind besser zu bewältigen, wenn dazu die speziellen Schmerzkontrolltechniken vermittelt wurden.
3. Der psychische Abbau bis zur Aufgabe der eigenen Existenz verläuft vom weitreichenden zum naheliegenden Denkrevier. Denken an die Vorhaben im nächsten Jahr drückt noch eine stabile körperliche und seelisch-geistige Verfassung aus. Denken nur noch an das, was man sieht, signalisiert bereits psychischen Abbau. Denken und

Erkennen nur noch des nahen Umfeldes, z.B. Pritsche, Fußboden, Schuhe der Bewacher, sind Symptome eines bedenklichen Abbaues. Die Lebenskraft des Gefangenen ist weitgehend gebrochen. Die genannten Etappen drükken aus, daß Verfahren in der Ausbildung bereitzustellen sind, die vor allem den funktionsfähigen Zustand des weiterreichenden Denkreviers erhalten.
4. Grundsätzlich geht es in der Ausbildung um das Lernen und Mobilisieren von Funktionen des Überleben. Das hat mit Herumtoben und makabren Szenen nichts zu tun.

(9.) Werteraster

Eine hohe PTSD-Vulnerabilität entsteht auch durch ein **fehlendes Werteraster**. Menschen haben zwar ethisch-moralische Werte, aber durchaus nicht immer solche, von denen sie in einer existentiellen Notlage überzeugt sind. Dadurch ist eine axiologische Einordnung der direkten und indirekten Bedrohungslagen nicht möglich. „Was für einen Wert soll ich denn denken?“, so eine Führungskraft zum Autor. Ein derartiges Wertevakuum macht traumaanfälliger. Ein wesentlicher militärischer Ausbildungsauftrag müßte darin bestehen, ein in Notlagen handhabbares Wertegefüge zu vermitteln. Das ist einsatzethisch unbedingt notwendig. Ein stabiles und klares Wertesystem schützt vor Traumatisierungen und erhöht im Einsatz als auch in Gefangenschaft und Geiselhaft die Überlebenschancen.
Das Wertesystem von Gefangenen und Geiseln läßt sich zerstören. Dies geschieht durch ideologische, religiöse oder soziale Demütigungen und Infiltrationen, d.h. die Werte, die das Individuum hat, werden negiert, verunsichert, lächerlich gemacht. Dieses relativ einfache Verfahren wirkt bei vielen Gefangenen. Viel raffinierter ist dagegen ein Verfahren, das darin besteht, sich mit ausgeklügelten Begriffen im Weltbild des Gefangenen subversiv zu etablieren, um dies zu destabilisieren. Das wurde bereits im Kapitel 2.7 erwähnt. Durch

semantische Transformationen gleiten Sachverhalte, ideologische oder religiöse Normen, die mit harmlosen Begriffen gekennzeichnet sind, in das Gedankengebäude und Weltbild des Gefangenen. So nimmt der Gefangene dann allmählich die Sprache, das Denken sowie die Werte und Ziele der Bewacher an. Er wird ungewollt zum Überläufer und Handlanger. **Er wird umgedreht.** Dieser Weg rettete schon manchen vor dem mittelfristig angelegten posttraumatischen Syndrom, seiner späteren Traumatisierung durch Schuld kann er aber meistens nicht entgehen. Zur psychischen Abwehr solcher Praktiken ist eine Spezialausbildung für potentiell gefährdete Einsatzkräfte anzustreben.
Ein ausgeprägtes Werteraster ist ein axiologisches Bezugssystem des Überlebens. Das Gewissen spielt darin eine tragende und sichernde Rolle. So lassen sich Schuldgefühle dahingehend interpretieren, daß sie an einem intakten Gewissen ausgerichtet sind. Soldaten ohne Schuldgefühle haben kein Gewissen oder ein defektes Gewissen.
Eine belastende Schuldfrage bringt das Töten durch „friendly fire" mit sich. Die psychische und traumatisierende Wirkung beim Verursacher gehört zu den äußerst schwierigen Fällen des Debriefings. Klärend helfen hier nur spezielle Kenntnisse über die verursachenden Gefechtsabläufe. Sie müssen bis in die Details ermittelt werden, um überhaupt ereignis-spezifisch intervenieren zu können (Belenky et al. 1995).

(10.) Empfehlungen für die Ausbildung

Ausbildungssegmente zur Erhöhung des Traumawiderstandes wurden bereits in den einzelnen Kapiteln beschrieben. Hier geht es daher nur noch um einige zusammenfassende und richtungsweisende Empfehlungen.
Prävention ist auf allen relevanten Gebieten ein schwieriges Bemühen. Sind doch im Voraus Strategien des Wahrnehmens, Denkens, Handelns mit Einstellungen zu lernen, von denen angenommen wird, daß sie im Ernstfall die psychi-

sche Gesundheit schützen. Überzeugungsarbeit, Akzeptanz und Motivation stehen daher an erster Stelle präventiven Arbeitens. Die Ausführungen zum präventiven Anliegen bilden demgemäß nur ein schmales Spektrum. Sie sind auf die Vulnerabilität im Einsatz ausgerichtet.

Richtungsweisende Anmerkungen sind aber notwendig, weil psychische Traumen auf dem besten Wege sind, ein Modephänomen zu werden. Die tatsächlichen Erkrankungen bekämen dadurch einen falschen Stellenwert. So werden inzwischen viele menschliche Regungen als Traumasymptome bewertet, wodurch die Zahl der Traumaopfer beachtlich zunimmt. Sei einiger Zeit melden sich die ersten Debriefing-Geschädigten. Auffallend ist in diesem Trend, daß verstärkt nach der Traumabehandlung gefragt wird und weniger nach der Traumaprävention. Der zweite Fall würde Kosten sparen.

Die Verteilung der Aktivitäten zeigt eine hohe Investition in den nachsorgenden und therapeutischen Sektor (Abb. 22). Auch in den deutschen Streitkräften wird in der Vorbereitungsphase von Einsätzen relativ wenig getan, um Traumatisierungen schon von vornherein ausschließen zu können. Die Aktivitäten lokalisieren sich vorwiegend in der Post hoc-Phase. Weniger wird dagegen getan, um den Prozeß der Traumatisierung überhaupt nicht in Gang zu bringen. Die Grundmuster dieser Aktivitätsverteilung zwischen Vorsorge und Nachsorge sind leicht zu verstehen. Sie sind in allen therapeutischen und beratenden Einrichtungen vorzufinden und besagen folgendes: Leichter ist es ein gesundheitliches Defizit zu beseitigen, als von einem gesunden Zustand aus das Defizit zu verhindern und zusätzlich noch eine Erhöhung des Einsatzstandards anzustreben. Eine gleichmäßigere Verteilung der durchaus überzeugenden Aktivitäten wäre daher empfehlenswert.

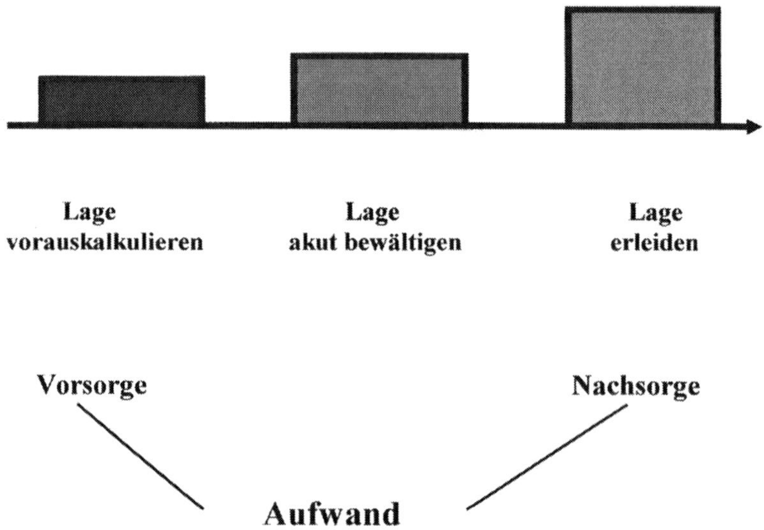

Abb. 22: Schwerpunkte vorsorgender und nachsorgender Aktivitäten.

Die zunehmende Ausbildung zur Traumanachsorge wird von der Vermutung getragen, daß viele vom Einsatz traumatisiert zurückkommen. Mit diesem Ansatz wird psychisch gesunden Soldaten bereits vor dem Einsatz eine mögliche psychische Störung oder Leistungseinbuße als wahrscheinlich dargestellt. Dieser Prozeß kann das Einsatzverhalten negativ beeinflussen.

Aus einer Effektivitätsstudie über das Debriefing (Carlier 1997) ergab sich, daß debriefte Probanden ungünstige Auswirkungen zeigten. Sie sollen sogar signifikant mehr „PTSD-Symptomatologie" entwickeln. Weiterführend wird in dieser Studie gefragt, inwieweit möglicherweise unterschiedliche traumatisierende Ereignisse je nach Einsatzlage vorliegen könnten. Diese Frage wurde in diesem Buch im Zusammenhang mit der dysfunktionalen Stressgenerierung bereits angesprochen. Vermutlich sind bei einer Geisellage, bei Kampf- und Katastropheneinsätzen, bei Massenkarambolagen auf Autobahnen u.ä.m. unterschiedliche Traumaauslöser gegeben und dementsprechend unterschiedliche Bewältigungsmethoden notwendig. Eine weitere Frage in der Studie lenkt auf das Ausbildungsniveau z.B. der Helfer. Diese Frage läßt sich hier auf die Führungs- und Einsatzkräfte erweitern. Gelenkt wird mit dem zuerst genannten Aspekt auf eine **bedrohungsspezifische psychologische Kameradenhilfe**. Sie wird weiter unten nochmals aufgegriffen.

Der Umgang mit außergewöhnlichen und extremen psychischen Lagen gehört nicht zum alltäglichen Leben. Daher ist ein traumareduzierendes Verhalten alltagsüberschreitend auszubilden. Zu fragen ist nach den besonders bedrohenden Wahrnehmungs-, Denk- und Handlungsaufgaben. Die genannten Aufgaben sind genau zu erfassen und unter extremen Belastungen vorsorgend zu entwickeln. Dadurch läßt sich die Fähigkeit ausbilden, Restreserven zu mobilisieren. Dementsprechend wird der Cut-off point hinausgeschoben. Damit eine treffsichere Aufgabenauswahl gelingt, müssen dem Soldaten die einzelnen Bedrohungsprofile und die vulnerablen Stellen vermittelt werden.

Außergewöhnliche Situationen sind zu üben, und zwar in individuellen Grenzsituationen. Das Routinedenken ist in solchen Lagen zu durchbrechen, um den psychischen Grenzfall unter Kontrolle zu bekommen. In den Übungen sind Situationen herzustellen, die den Beteiligten vorher nicht vertraut sind. Unerläßliche Voraussetzung dazu ist aber eine einwandfreie Beherrschung des eigenen Verhaltens. Die Einsatzkräfte gewinnen dadurch allmählich eine Erwartungseinstellung für das Außergewöhnliche, d.h. für Dschungelkampf und Gefangennahme in Dschungelregionen, für den Wüstenkampf und für die Gefangennahme und Haft bei hohen Temperaturen. Lange Zeit gefesselt an Händen und Füßen auf dem Boden liegend, in einer Umgebung mit viel Ungeziefer und hohen Temperaturen, muß im vorhinein geübt und ausgehalten werden. Diese Erfahrung, gewonnen auch im Umgang mit Kleinigkeiten, erhöht die Überlebens-

chancen und die Chancen **nicht** an einem Trauma zu erkranken.
Zu erwartende Einsatzsituationen sind von den Ausbildern realistisch zu beschreiben, so daß möglichst **keine Überraschungseffekte** vor Ort entstehen. Mit einer **Realsprache** müssen die Einsatzkräfte über Tod, Verstümmlungen, Folter etc. informiert werden. So geht es nicht, einem Soldaten nur zu sagen, daß er u.U. töten müsse, sondern es geht vielmehr darum, ihm konkret und anschaulich zu erläutern, daß dabei der Kopf des Menschen zerfetzt werden kann und Blut umherspritzt. Unwirksam ist es auch, einem Soldaten zu sagen, daß er in einem Krisenszenario traumatisch bedroht werden könne, sondern es ist ihm deutlich zur erläutern, daß seinem Kameraden die Ohren abgeschnitten und die Augen ausgestochen werden könnten, und er dabei noch zusehen muß. Unklare Angaben verunsichern und erhöhen die Vulnerabilität der Soldaten.
Durch die klare Sprache des Ausbilders entwickeln die Soldaten intern mental-emotionale Strukturen zu den geschilderten Ereignissen. Solche selbstentworfenen internen Bilder mit ihren eigenen emotionalen Einbindungen sind nicht traumastimulierend. Der Mensch kann sich durch Zuhören nicht in ein Trauma versetzen. Sonst wären Romane mit ihren oftmals brutalen Beschreibungen traumaauslösend. Entscheiden ist allerdings hierbei, auf welche Weise die Scheußlichkeiten vom Ausbilder vermittelt werden. Hohe Integrität, geordnete Sprache, eigene Einsatzerfahrungen und Überzeugungskraft wären wünschenswert.
Nach derzeitigem Sachstand ist die Vermittlung von dramatischen Situationen mit Bildern weniger effektiv. Visuelle Information ist analoge Information, sie wird im Gegensatz zur verbalen Information nur abgebildet. Die Sprache wird dagegen kodiert. Daher sind gelesene Romane in der eigenen Phantasie reichhaltiger und flexibler in ihren Szenarien als Romane, die als Film gesehen wurden. Jeder kennt die Unterschiede. Eine dramatische Situation, die sprachlich

vermittelt wurde, läßt sich außerdem mental flexibel umgestalten, also mit ähnlichen realen Situationen homogenisieren. So ist es auch nicht notwendig, im Gespräch alle erdenklichen Situationen zu beschreiben. Das menschliche Gehirn besitzt eine differenzierte Umgestaltungsfähigkeit. Daher ist es dem einzelnen Soldaten leicht möglich, die angetroffene Realität den sprachlich übermittelten kognitiven Strukturen und den entworfenen internen Bildern zuzuordnen. Wesentlich ist nur, daß das vermittelt wird, was wahrscheinlich vorwiegend am Einsatzort angetroffen wird. Je nach Einsatzgebiet sind die durch Minen zerrissenen Menschen, die geköpften Opfer, die Opfer mit abgehackten Extremitäten und ausgestochenen Augen u.v.m. in den Mittelpunkt der Ausbildung zu stellen.

Diese Ausbildung ist ethisch - moralisch und religiös zu fundieren. Der Soldat muß gleichzeitig ein **axiologisches Bezugssystem** erhalten, um die beschriebenen Szenen einordnen zu können. Gelingt dies nicht, entsteht ein Separierungs- Risiko (Kap. 6.2.3, 2).

Die mentale Vorbereitung zum Beobachten scheußlicher Szenen schafft einen internen Bekanntheitsgrad, der beim tatsächlichen Antreffen einer ähnlichen Szene die Verarbeitungsbereitschaft erhöht, zumal die entsprechenden Muster durch die Ausbildung schon gespeichert sind. Traumatisierende Episoden werden dadurch nicht einfach unkontrolliert abgebildet, sondern werden umgehend in die Erfahrungsbiographie eingeordnet und ethisch kodiert. Es entsteht in der angetroffenen Lage ein **psychischer Echoeffekt**, der ein präventiv vorbereitetes und psychisch-mental schützendes Areal aktiviert.

In diesem Zusammenhang sei hier von einer **bedrohungsspezifischen Beratung und Kameradenhilfe** sowie von einem **bedrohungsspezifischen Debriefing** gesprochen. (Abb. 23). Gemeint ist damit, daß der zuständige Trauma- und Debriefung-Experte die traumatisierende Lage **genau** kennen muß. Das gilt vor allem für die traumatisierenden

Ereignisse, die auf den Betroffenen eingewirkt haben. Das können z.B. Waffen, Sprengsätze, Handgranaten und Messerangriffe sein. „We went to the combat elements and proceeded from tank to tank, from fighting vehicle to fighting vehicle, reconstructing day by day, and, as appropriate, minute by minute the events of the ground war (Belenky 1995, 4). Ein solches Verfahren gilt es zu entwickeln. Allerdings sind dazu militärische Sachkenntnisse notwendig.

Entscheidend ist hierbei, daß die Einzelheiten möglicher Lagen bekannt sind. Das beruhigt den Betroffenen. Kenntnisse über Waffenwirkungen, über die Wirkung von Handgranaten und Minen, über anrennende und schießende Gegner, die zu einem Messerangriff übergehen, etc. sind unerläßlich, um bedrohungsspezifisch an die Ereignisse der Traumentstehung heranzukommen.

Die **psychologische Kameradenhilfe** läßt sich so bei entsprechender Ausbildung der Soldaten fundiert und einsatznah aufbauen.

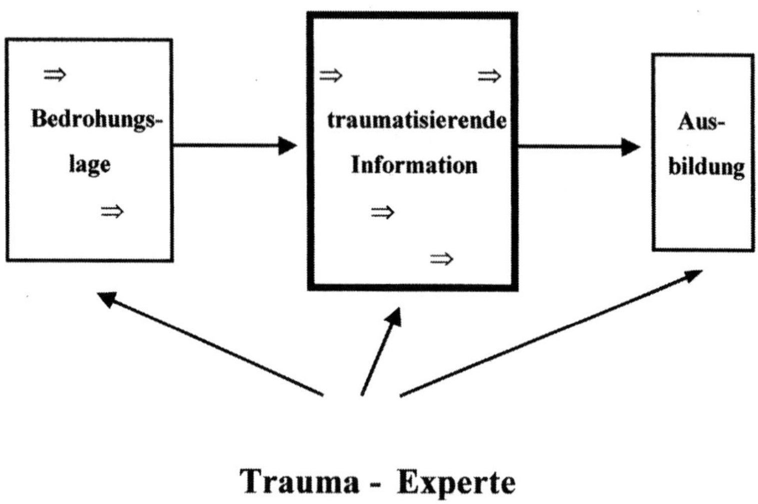

Abb. 23: Modell der bedrohungsspezifischen Kameradenhilfe.

Das angesprochene Thema ist sehr umfangreich. Die posttraumatische Vielfalt drückt die Differenziertheit des Menschen aus. Daher ließ sich hier nur ein Ausschnitt des menschlichen Bedrohungsverhaltens mit seinen traumatisierenden Prozessen erfassen. Die PTSD - Forschung steht derzeit noch am Anfang. Das gilt auch für die traumaresistente Ausbildung. Durch die vielfältigen Bedrohungen der Menschen durch Menschen gewinnen aber die posttraumatischen Syndrome und ihre Verhinderung zunehmend an Bedeutung für die Ausbildung. Neben den Bemühungen um Briefing, Einsatzbetreuung, Debriefing und Therapie sollte allerdings nicht vergessen werden, daß **einsatz- und bedrohungsnahe Ausbildung präventive Wirkung** haben und somit traumatisierende Prozesse verhindern können.

7. Ausbildungsanspruch und Einsatzanforderungen

Die Ausbildung wurde in den einzelnen Kapiteln immer wieder erwähnt. Der Grund ist darin zu sehen, daß für die Komplexität der geschilderten Lagen und Belastungsprofile jeweils eine direkte Ausbildungsempfehlung sinnvoll ist. Konnten doch dadurch die Zusammenhänge zwischen Führungs- und Einsatzbelastungen sowie Ausbildung eher hergestellt werden.
In diesem Kapitel stehen Ausbildungsrichtwerte im Mittelpunkt, die sich auf das besprochene Führungsverhalten beziehen. Die Aufzählungen sind eine stichwortartige Zusammenfassung und stellen damit die Konsequenzen aus den einzelnen Themenblöcken dar.

1. Führen unter extremen und außergewöhnlichen Belastungen

- Führen unter raschen Wechselbedingungen zwischen Routinelagen, außergewöhnlichen Lagen und Extremlagen;
- Führen unter falscher und dysfunktionaler Informationsvermittlung;
- Führen unter Wegfall jeglicher Kommunikationsmittel;
- Führen unter Überlastungs- und Entzugseinlagen im raschen Wechsel;
- Führen unter Schlafentzug bis zu 60 Stunden, unter Nahrungsentzug über mehrere Tage und unter Flüssigkeitsentzug bei großer Hitze;
- Führen unter einsatznahen Bedingungen mit der Aufgabe des Abbaues derealer Einstellungen;
- Führen unter Belastungen, die weit über den zu erwartenden Einsatzbelastungen liegen;
- Führen unter terroristischer Bedrohung;
- Führen unter den Bedingungen des Information Warfare.

Dieser Themenblock zielt auf die Sonderlagen, die militärische Führer in ihren Einsätzen möglicherweise zu erwarten haben. Einzubeziehen sind in die Planübungen in gleicher Weise die Soldaten, die zu führen sind. Sie müssen den gleichen Sonderbedingungen unterliegen, um die Einsatznähe herzustellen. Der Umgang mit führungsgefährdenden Informationsszenarien sollte ebenso in eine Planübung eingebaut sein wie der permanente Wechsel der Informationsmenge.

2. Erfahren eigener Führungs- und Belastungsgrenzen

- Sensibilisieren für Ausfälle der Informationsaufnahme, -verarbeitung und -abgabe;
- Erkennen der Vorwarnsymptome bei akut drohenden Überlastungen;
- Entwickeln mentaler Sofortmaßnahmen zum rechtzeitigen Kontrollieren und Verhindern von Distressspiralen;
- Führen unter langfristigen Extrembelastungen;
- Üben des Umganges mit sich selbst und der Kampfgemeinschaft in Extremlagen und außergewöhnlichen Lagen;
- Entwickeln von Übungslagen, die visuelle und auditive Grenzerfahrungen ermöglichen;
- wiederholte Teilnahme an Einzelkämpferlehrgängen.

Der Umgang mit den eigenen Belastungsgrenzen ist nur dann zufriedenstellend, wenn die Belastungsgrenze erreicht und überschritten wird. Nur so läßt sich ihre individuelle Schwelle genau erfahren. Von dieser Schwellen- Sensibilität über den eigenen Zustand hängt die Führungsqualität in entscheidendem Maße ab. Rechtzeitiges Erkennen der eigenen Belastungsgrenzen und ihre dosierte Handhabung sind führungsnotwendig.

3. Führen in existentiellen Not- und Verantwortungslagen

- Führen unter extremem Verantwortungsdruck;
- Führen unter Berücksichtigung einsatzethischer Postulate;
- Führen in Geiselhaft und in Gefangenschaft;
- Führen unter menschenunwürdigen Bedingungen;
- Führen unter zweifelhaften Menschenrechtsvorgaben;
- Führen unter Identitätskrisen, und zwar unter Eigenkrise und Gruppenkrise;
- Führen unter Psychoterrorbedingungen;
- Führen unter dem Einfluß subversiver Kräfte;
- Führen einer konfliktträchtigen Gruppe;
- Führen eines zusammengewürfelten Haufens;
- Führen einer Gruppe von Deserteuren;
- Führen einer Gruppe, die in der Auflösung begriffen ist.

Das Führen unter Verantwortungsdruck, moralischen Zwangslagen und lebensgefährlichen Entscheidungsvorlagen offenbart den psychostrukturellen Zustand jedes militärischen Führers. Die Ausbildung eines axiologischen Bezugssystems ist für solche Führungsbedingungen unerläßlich.

4. Menschenbild und Führungsverhalten

- Grundkenntnisse über Kampftaktik und Menschenbild;
- Grundkenntnisse über Nahkampf und Menschenbild;
- Kenntnisse über das Verhalten bei Vernehmungen (Verhöre) und Menschenbild;
- Kenntnisse über Verhalten und Menschenbild bei Folterungen;
- Kenntnisse über regionalspezifisches Einsatzverhalten und Folterungen.

Führung und Führungsentscheidungen sind an ein demokratisches Menschenbild gebunden. Daher sollte jedem militärischen Führer klar sein, aus welchem Menschenbild heraus er seine Entscheidungen trifft. Das Leitprinzip des jedem Menschen innewohnenden Menschenverständnisses ergibt die Normenstruktur des Führungsstil.

5. Führungsprinzipien unter ethisch-moralischen Postulaten
- Führen nach religiösen Grundwerten;
- Führen nach demokratischen Grundwerten.

Menschenbild und Menschenrechte sind eng miteinander verbunden. Daher sollte es ein zentrales Anliegen des militärischen Führers sein, das ihm eigene demokratische Menschenbild und sein ethisch-moralisches Verständnis über Menschenrechte zum Führungsprinzip zu erheben.

Mit diesen Richtwerten ist das besprochene Einsatzfeld mit den jeweiligen Ausbildungsmaßnahmen erreicht. Von der Beschreibung nationaler Besonderheiten der Streitkräfte wurde weitgehend Abstand genommen, um einen internationalen Anspruch sicherzustellen. Die nationalen Führungsakzente lassen sich dennoch aus der Gesamtheit der Einsätze herausprofilieren. Dadurch sind die Voraussetzungen geschaffen, unter Einbeziehung nationaler Besonderheiten internationale Führungsanforderungen geltend zu machen.

8. Perspektivische Abschlußanmerkungen

Die beschriebenen Themenblöcke stellen Einsatzschwerpunkte dar, die einen Aktualitäts- und Zukunftsanspruch aufzeigen. Das Gesamtkonzept soll nicht nur für gegenwärtige, sondern auch für zukünftige Einsätze verwendbar sein. Außerdem ist der Anspruch darin zu finden, eine internationale Plattform herzustellen. Streitkräfte haben im Kampfeinsatz ähnliche Führungsfragen zu beantworten und gleiche Stressprozesse zu bewältigen. Hier liegt die Chance, gemeinsam gegen Krieg und Bedrohung auszubilden und vorzugehen. Das internationale Bindeglied sind nicht so sehr die national geprägten militärischen Strukturen und Organisationsmechanismen, sondern viel mehr die menschlichen Gemeinsamkeiten und Belastungsbesonderheiten. Sie sind international angelegt, und zwar in der menschlichen Existenz. Die Nähe der Menschen zueinander im Kampf gegen Bedrohungen jeglicher Art ist ein ethisch und moralisch verpflichtendes Prinzip. Seine Dauerhaftigkeit überstand bisher alle Kriege.

In zukünftigen bewaffneten Konflikten und Kriegen wird es unterschiedlich gestaffelte Konfrontationen geben. Sie werden vom Informationskrieg bis zum Kampf „Mann gegen Mann" reichen. Mit den verschiedenen Kampf- und Zerstörungsversionen wird es jedoch nicht gelingen, die Grundfesten der menschlichen Lebenserhaltung zu vernichten.
Führen im Krieg oder in anderen lebensgefährlichen Lagen sind Maßnahmen von Menschen. Menschen entfachen auch Kriege und wollen sie verhindern. Dazu ist es aber notwendig, den Kriegsentstehungen **in** den Menschen näher zu kommen. Kriege lassen sich eher verhindern, wenn ihre menschlichen Quellen erreicht sind. Der Weg zu diesen lebenswichtigen Quellen ist aber noch weit. Viele reden über

die Kriege, aber betrachten nur die Flüsse mit ihren Stromschnellen und Wasserfällen und erkennen nicht einmal die Strömungsrichtung. Manche gehen aber schon stromaufwärts, ein beschwerlicher Weg. Nach der derzeitigen Weltlage sieht aber noch keiner die Quellen.

Der tiefere Sinn dieses Buches besteht darin, den existentiellen Fundamenten und Werten unseres Lebens etwas näher zu kommen.

Invest in a man, and not just in a plan.

Literatur

Anderson, D.L.,Ed. (1998). Facing My Lai. Moving beyond the Massacre. Kansas: University Press.

Ambrose, St.E. (1998). Atrocities in Historical Perspective. In: Facing My Lai. Moving beyond the Massacre. Kansas: University Press, 107-120.

AIF, Aufgabenverbund Innere Führung (1993). Menschenführung unter Belastung. Ausbildungshilfe für die Führerausbildung in den Streitkräften. RegNr. 1 001 0001 60009, DSK FF 147520411.

APA, American Psychiatric Association (1994). Diagnostical and Statistical Manual f Mental Disorders (DSM- IV). Washington, D.C.

BAA, Bundesanstalt f. Arbeitschutz u. Arbeitsmedizin (Hg.). (2001). Psychologische Vor- und Nachsorge für Beschäftigte von Berufsgruppen, die mit Notfallsituationen konfrontiert sind. In: Schriftenreihe der Bundesanstalt für Arbeitsschutz und Arbeitsmedizin, Tb 120. Bermerhaven: Wirtschaftsverlag.

Bamford, J. (2001). NSA. München: Bertelsman Verlag.

Belenky, G., Scott, C.M., Martin, J.A. (1995). Debriefings and Battle Reconstructions Following Combat. In: Belenky, G., Martin, J.A., Sparacino, L. (Eds.), A Shield in the Storm: Combat Psychiatry in the Gulf War. Westport, CT., 1-13.

Benge, D.A., Robertson, J.M., Stone, G.J. (1985). Commanding above the Stress. Defence Force Journal, 52, 31-41.

Brock, H. (1988). My Lai. NAM. Die Vietnam-Erfahrung, 1965-75, 391-395.

Carlierl.V.E. (1997). Prävention von posttraumatischem Stress: Evaluation von Debriefing. In: Sporner, Th. (Hg.), Stressbewältigung und Psychtraumatologie im humanitären Hilfseinsatz. Bonn: Beta Verlag, 153-170.

Clausewitz, C.v. (1980). Vom Kriege (Hg. Marwedel). Stuttgart: Reclam.

Department of the Army (1991). Combat Stress Behaviors. Risk Factors and Leader Actions. Fort Sam Houston, Texas (a).

Departmernt of the Army (1991). Planing for Combat Stress Control. Fort Sam Houston, Texas (b).

Dizdarevic´, Z. (1995). Der Alltag des Krieges. Ein Tagebuch aus Sarajevo. Frankfurt/M: Campus Verlag.

Dietrich, R. (Ed.) (2003). Interaction in High Risk Environments. London: Ashgate, i.press).

Elser, G. (1985). Kriegsnahe Ausbildung. Bonn: Heeresamt, Abt. II, 1(2).

FBI, Federal Bureau of Investigation (1996). Terrorist Research and Analytical Center. National Security Division: Terrorims in the United States. Washington, D.C.: US Department of Justice.

Friedrich, J. (2002). Der Brand. München: Propyläen Verlag.

Friedman, G. & M. (1998). The Future of War. New York: Crown Publishers, Inc.

Gasch, B., Lassoga, F. (2001). Psychische Erste Hilfe bei Unfällen. In: BAA (Hg.), Psychologische Vor- und Nachsorge für Beschäftigte von Berufsgruppen, die mit Notfallsituationen konfrontiert sind. Bremerhaven: Wirtschaftsverlag, 24-32.

Hartmann, U., Strittmatter, M. (1993). Reform und Beteiligung. Frankfurt: Fischer Verlag.

Hartmann, U., Walther, Chr. (Hg.). (1995). Der Soldat in einer Welt im Wandel. Landsberg a.L.: Günter Olzog Verlag.

Headquarters (1986). Field Manual, FM 100-5. Washington DC.: Department of the Army.

Headquarters (1983). Management of Stress in Army Operations, FM 26-2. Washington, DC: Department of the Army.

Hecht, K., Balzer, H.-U. (2000). Chrono-psycho-biologische Regulationsmedizin und ihre Bedeutung für die Katastrophenmedizin. In: Hecht, K., Balzer, H.-U. (Hg.), Stressmanagement - Katastrophenmedizin - Regulationsmedizin - Prävention. Lengerich: Pabst Science Publishers, 109-133.

Herring, G.C. (1998). What Kind of War was the Vietnam War. In: Anderson, D.L. (Ed.), Facing My Lai. Kansas: University Press.

Kirschbaum, C. (1991). Cortisolmessung im Speichel. Göttingen: Verlag Hans Huber.

Krams, P. (2001). Determinanten von Gesundheit und Sicherheit. Eine salutogenetische Annäherung. Dissertation, Universität Bremen.

Leonhard, R.R. (1998). The Principles of War for the Information Age. Novato: Presidio Press.

McCarroll, J.E., Ursano, R.J., Wright, K.M., Fullerton, C.S. (1993). Handling Bodies after violent Death: Strategies or Coping. Amer.J.Orthopsychiat. 63, 2, 209-214, (a).

McCarroll, J.E., Ursano, R.J., Fullerton, C.S. (1993). Symptoms of Posttraumatic Stress Disorder following Recovery of War Dead. Am.J.Psychiatry, 150, 12, 1875-1877, (b).

Naumann, K. (2002). Frieden - der noch nicht erfüllte Auftrag. Hamburg, Berlin, Bonn: Verlag E.S. Mittler & Sohn.

Nolan, K.W. (1986). Into Laos. New York: Dell Publishing Co., Inc.

O' Brien, T. (1998). The Mystery of My Lai. In: Facing My Lai. Moving beyond the Massacre. Kansas: University Press, 171-178.

Perren-Klingler, G. (Hg.). (1995). Trauma. Vom Schrecken des Einzelnen zu den Ressourcen der Gruppe. Bern, Stuttgart, Wien: Haupt Verlag.

Puzicha, K.,Hansen, D., Weber, W. (Hg.) (2001). Psychologie für Einsatz und Notfall. Bonn: Bernard & Graefe Verlag.

Rohde, D., Die letzten Tage von Srebrenica. Hamburg: Rowohlt Taschenbuch Verlag.

Schedlowski, M. (1994). Stress, Hormone und zelluläre Immunfunktionen. Ein Beitrag zur Psychoneuroimmunologie. Heidelberg, Berlin, Oxford: Spektrum Akademischer Verlag.

Smith, K.B. (1989). Combat Information Flow. Military Review, 04, 42-54.

Sporner, Th.,(Hg.). (1997). Stressbewältigung und Psychotraumatologie im humanitären Hilfseinsatz. Beiträge zur Wehrmedizin und Wehrpharmazie, Band10. Bonn: Beta Verlag.

Schneider, B. (2000). Secrets & Lies. Heidelberg: dpunkt. verlag.

Solomon Z. (1993). Combat Stress Reaction. New York, London: Plenum Press.

Theveßen, E. (2002). Schläfer mitten unter uns. München:Droemersche Verlagsanstalt.

Ungerer, D. (1985). Ausbildung streßstabiler Fertigkeiten. In: Menschenführung im Gefecht - kriegsnahe Ausbildung. Texte und Studien, Zentrum Innere Führung, 3. Koblenz: ZInFü.

Ungerer, D. (1985). Studie: Vom Streßverhalten zu den Maßnahmen für eine gefechtsnahe Ausbildung. Koblenz: ZIn Fü. Unveröffentlicht.

Ungerer, D. (1991). Selbststeuerung und Informationsverarbeitung. Informationsverarbeitungsprozesse unter psychophysischer Belastung (Teil I), Streßbewältigung durch metakognitive Selbststeuerungstechniken (Teil II). In: Stressbewältigung durch Selbststeuerung - G: Zentrum Innere Führung (a).

Ungerer, D. (1991). Information als Mittel zur Stabilisierung und Destabilisierung von Führungsprozessen. GenSt-/AdmStDstVerwdlehrg. Koblenz: Zentrum Innere Führung. Unveröffentlicht (b).

Ungerer, D. (1992). Studie: Überlebenslehrgang für Offizieranwärter der Luftwaffe. OSLw. Unveröffentlicht.

Ungerer, D. (1993). Ausbildung der Bundeswehr für den UN-Einsatz in Somalia. Grundlagenprogramm Innere Führung, C, 7. Unveröffentlicht.

Ungerer, D., Hesel, H., Morgenroth, U. (1993). Risikoprofile und Belastungen im Feuerwehreinsatz. Zeitschrift Forschung und Technik im Brandschutz, 42, Mai 1993, 44 - 61.

Ungerer, D. (1995). Dysfunctional stress behavior and information processing contributing risk factors and preventive measures. In: Psychology in Disaster Relief Operations. NATO - Civil Protection Committee. Brussels.

Ungerer, D., Diepold, A., Bultschnieder, R. (1996). Menschenführung im Frieden und im Gefecht. In: Truppenpraxis/Wehrausbildung 11, 734-740.

Ungerer, D. (1996). Umgang mit Stress: Prävention - Behandlung - Bewältigung, erhalten als Gefangener, bei Geiselhaft. In: Stress und Stressbvewältigung - Führen unter Belastung. Hamburg: Führungsakademie der Bundeswehr.

Ungerer, D. (1997). Streß und Führungsverhalten im Einsatz. In: Th. Mitschke (Hg.), Handbuch für Technische Einsatzleitungen. Stuttgart: Kohlhammer (a).

Ungerer, D. (1997). Studie: Führen unter Belastung. USLw. Unveröffentlicht (b).

Ungerer, D. (1999). Stress und Stressbewältigung im Einsatz. Rote Reihe, 70. Stuttgart: Kohlhammer (a).

Ungerer, D. (1999). Studie: EKL I und EKL II - Bekämpfung irregulärer Kräfte. Unveröffentlicht (b).

Ungerer, D. (2000). Verhalten und erwartete Reaktionen von Helfern in extremen Situationen. Final Report: Workshop Psychological Aspects of the Information of the Public. Akademie für Notfallplanung und Zivilschutz: Bad Neuenahr-Ahrweiler (a).

Ungerer, D. (2000). Messungen von Streßparametern unter extremen Gefechtsbelastungen - Elektronisch gesteuerte Kampfkraftsteigerung. Unveröffentlicht (b).

Ungerer, D., Mitschke, Th. (2001). Haben wir eine Krise der Krisenstäbe? Notfallvorsorge, 3, 14-17.

Ungerer, D.(2001). Informationsverarbeitung in Stäben. Münster: Polizei-ührungsakademie. Unveröffentlicht (a).

Ungerer, D. (2001). Alarm systems and human limits. Process Safety and Industrial Explosion Protection. European Safety Management Group: Hamm (b).

Ungerer, D., Morgenroth, U. (2001). Analyse des menschlichen Fehlverhaltens in Gefahrensituationen. Zivilschutzforschung BD. 43, Bonn: Bundesverwaltungsamt.

Ungerer, D. (2001). Gefährdung der Eigensicherung - präventive Maßnahmen. In: Schriftenreihe der Polizei-Führungsakademie. Münster: PFA: Münster (c).

Ungerer, D. (2001). Axiologische und psychozerebrale Schnittstellenbestimmung zwischen unbeabsichtigtem und beabsichtigtem Schusswaffengebrauch. In: Lorei, Cl. (Hg.), Schusswaffeneinsatz bei der Polizei. Frankfurt: Verlag für Polizei und Wissenschaft (d).

Ungerer, D. (2002). Generierung und bedrohungsspezifische Intervention. 5. Bundeskongress für Notfallseelsorge & Krisenintervetion. I.D. Hamburg (a).

Ungerer, D. (2002). Unterschiedliche Erscheinungsformen des Terrorismus - von der Maschinenpistole zur Informations - Kriegführung. 5. Europäischer Polizeikongress, Bonn. Unveröffentlicht (b).

Ungerer, D. (2003). Communication in Disaster Relief Operations. In: Dietrich, R. Ed.), Interaction in High Risk Environmets. London: Ashgate (i.press).

Ungerer, J. (1999). Psychophysiologische Untersuchung zur Einsatzbelastung von Polizeibeamten einer Spezialeinheit. Diplomarbeit Mannheim. Unveröffentlicht.

WRAIR, Walter Reed Army Institute of Research (1992). Coping with psychological Stress in Somalia. Division of Neuropsychiatry. Washington, D.C.: WRAIR.

WRAIR, Walter Reed Army Institute of Research (1996). Research Report 24, 1996. Heidelberg.

WRAIR, Walter Reed Army Institut of Research (1992-2000). Research Reports. Heidelberg

Weismor, H. (Red.). (1991). Streßbewältigung durch Selbststeuerung - Grundlagen - . Menschenführung unter Belastung. Materialien VI. Koblenz: Zentrum Innere Führung (ZInFü).

Weismor, H. (1991). Drill in der militärischen Ausbildung. In: Texte und Studien, 1, Zentrum Innere Führung. Koblenz: ZInFü.

Zaczek, R. (1994). Farewell Darkness. A Veteran's Triumph over Combat Trauma. Annapolis, Maryland: Naval Institute Press.

Zentrum Innere Führung (1985). Menschenführung im Gefecht - kriegsnahe Ausbildung. Texte und Studien, 3. Koblenz: ZInFü.

Zentrum Innere Führung (1987). Menschenführung im Gefecht - Hilfen für eine gefechtsnahe Ausbildung. Texte und Studien, 1. Koblenz: ZInFü.

Zentrum Innere Führung (1990). Menchenführung im Gefecht. Texte und Studien, 1. Kblenz: ZInFü.

Zentrum Innere Führung (1994). Erfahrungen der Bundeswehr aus UN-Einsätzen. Arbeitspapier, 4. Koblenz: ZInFü.

Zentrum Innere Führung (1996). Umgang mit Verwundung und Tod im Einsatz. Arbeitspapier, 2. Koblenz: ZInFü (a).

Zentrum Innere Führung (1996). Geiselhaft und Gefangenschaft. Arbeitspapier, 4. Koblenz: ZInFü (b).

Zentrum Innere Führung (1998). Wir sind zurück. Hilfe für Kommandeure. 2. Koblenz: ZInFü.